스타트업

실리콘 밸리에서 창업 씨앗심기

안드레아스 라모스

andreas.com

저작권

안드레아스 라모스가 쓴 '스타트업'에 대한 모든 저작권은 – 2017 Andreas Ramos USA. ISBN 978-0-9893600-5-0에 있습니다.

이 책의 모든 자료는 저작권 보호를 받으며, 저자의 서면 허락 없이 책의 일부를 어떤 형태나 방법으로도 복제할 수 없습니다.

개정판 2.0, 2017년 7월

이 책은 디지털 킨들로 볼 수 있으며 또 오디오 팟캐스트 또는 비디오로도 구독할 수 있습니다.

2017년 12월 31일 이후에는 업데이트된 내용을 www.andreas.com에서 영문으로 볼 수 있으며, 한국어로도 볼 수 있도록 할 예정입니다.

이 책의 웹 사이트

www.andreas.com/startup

잘못된 곳이 있다면

틀린 부분이나 잘못된 단어와 문장은 책의 쪽 번호와 함께 알려주시면 바로 수정하도록 하겠습니다.

코멘트나 좋은 아이디어

책의 웹 페이지에 적어주시거나 andreas@andreas.com로 보내 주시면 바로 업데이트 하겠습니다.

레이아웃과 제작

Ginger Namgostar은 책(영문본)의 레이아웃 및 표지 제작을 담당했고, Anaximander Katzenjammer도 참여했습니다.

사운드트랙은 Eliza Rickman, Coeur de Pirate, Lenka, Basia Bulat 및 Zaz for Pandora사가 담당했습니다.

헌정

Gala Gil Amat & Adrian Rodriquez

저자에 대하여

저자는 3개의 스타트업을 창업했고, 9개 스타트업을 창업하는 데 자문역을 맡았으며, 30개 이상의 스타트업에서 일했습니다. SGI와 SUN에서 일했고, Acxiom의 디지털 대리점 책임자였으며, Cisco의 글로벌 SEO(검색엔진 최적화) 매니저를 지냈습니다. 현재 샌프란시스코에 있는 프랑스 INSEEC 경영대학원에서 강의를 맡고 있습니다. SEO에 관한 책을 12권 펴냈습니다. 독일 하이델베르그에서 대학을 졸업하였고 팔로 알토(Palo Alto)에서 아내와 고양이와 함께 살고 있습니다.

- 저자에 대하여 더 알고 싶거나, 고양이를 보고 싶으면 저자의 웹 사이트를 방문하시기 바라며,
- 언제든지 andreas@andreas.com로 메일을 보내주시는 것을 환영합니다.
- 뉴스레터를 받고 싶으면 eepurl.com/wC-C1 또는 저자의 웹 사이트에서 신청할 수 있습니다.

번역

이 책의 한국어판은 김달호 경제학 박사가, 프랑스어판은 시릴 카타스(Cyril Ghattas)가 번역을 맡았습니다.

상표

이 책에 나오는 회사 및 제품의 이름은 해당 소유자의 상표권이며, 등록 상표 또는 상표명은 편집상의 관례에 따랐습니다. 상표권의 침해, 보증 또는 제휴의 의도는 없습니다.

프로모션 고려사항

여러 회사들, 소프트웨어, 책 등을 창업자나 독자들에게 유용하다고 설명한 것을 이

유로 돈이나 어떤 보상을 받지 않았습니다.

고마운 분들에게

저자의 말

이 책에 대해서 많은 사람들의 도움을 받았으며 감사 드립니다. 또한 이 책을 쓰는데 많은 아이디어를 제공해준 데이비드의 책 'Zero to IPO', 람싱가니의 'The Business of venture Capital'과 Y-Combinator's 강연에 감사 드립니다.

역자의 말

번역은 제2의 창작이라는 말을 실감했습니다. 뜻을 알아도 그 뜻이 전달하는 의미를 제대로 담는 것은 어려웠습니다. 번역을 제안해준 실리콘 밸리의 패트릭(Patrick) 국제변호사, 출판을 승낙해 주신 김석경 한국무역신문사 대표님과 편집을 맡아주신 편집진에게 감사 드립니다. 늘 어린 왕자처럼 살아가는 어린왕자2 사 대표 홍세윤 사장이 기술용어를 바로잡아 주어 감사드리고, 우버에서 근무하다 지금은 아마존으로 옮겨 국제마케팅을 담당하고 있는 큰 딸 Gina가 마지막으로 새로운 용어를 다듬어 주어서 고맙고 매우 자랑스럽습니다.

들어가는 글

누가 이 책을 읽어야 하나
좋은 아이디어를 가지고 창업을 하고자 하는 사람, 특히 '창업 씨앗심기(Seed startup)'를 하고자 하는 사람에게 도움이 되길 바랍니다.

잠깐, 창업 씨앗심기란 무엇인가
창업 씨앗심기란 아이디어를 사업으로 연결시키는 작은 팀입니다. 창업 씨앗심기 다음의 창업 중간단계는 제품을 개발하는 과정이며 이 중간단계를 거쳐 수익모델을 개발하는 최종단계로 이어집니다. 수익모델이란 어떻게 돈을 벌 것인지를 계획하고 광고를 하며 자금을 공모하고 판매하는 것 등을 의미합니다.

이 책에서는 오직 창업 씨앗심기만을 다루고자 합니다. 어떻게 아이디어를 발전시켜 사업을 시작하는 것인지 알아볼 것입니다.

사람들은 씨앗 심기단계를 창업단계라고 말합니다. 따라서 '씨앗'을 심어 '싹 틔우기'를 포괄하는 말이지만, 여기서는 '심기단계'라는 두 가지 용어를 이 책 전반에 걸쳐 사용합니다.

스타트업에 관련된 것은 무엇인가?
핵심 아이디어 : 스타트업은 창업자, 자문역, 투자자, 그리고 고객이 강하게 연결된다면 성공적일 것입니다.

외부인들에게 실리콘 밸리는 기술과 디지털 툴입니다. 자원과 정보를 나누는 복합적인 인맥의 웹입니다. 거기서 공동설립자, 자문역, 투자자, 그리고 고객을 찾아냅니다. 아주 적은 돈으로 어떻게 스타트업을 할 것인지, 최적의 기술적인 해결책이 어떤 것은 작동하고 안 하는지, 피해야 할 사람과 툴들은 무엇인지, 이러한 것들이 이 책을 쓰면서 수십 명의 창업자, 자문역, 그리고 투자자들과 이야길 나누면서 배운 것입니다.

당신이 어떤 분야에서 일하든지 모든 것은 연결(connections)입니다. 내가 일했던 모든 분야에서 알아낸 것은 깊이 있는 전문가 네트워크입니다. 그들은 15년에서 20년 동안 그 분야에서 일해 온 전문가들입니다. 그 분야를 잘 알고 서로 또한 잘 아는 사이입니다. 만약 성공을 원한다면 이러한 네트워크의 일원이 되어야 합니다.

이 책은 무엇을 말하려는 것인가

저는 실리콘 밸리에서 창업 씨앗심기를 어떻게 시작할 것인가를 설명하기 위하여 이 책을 썼습니다.

이 책의 내용은 :
- 자문역과 공동설립자 팀을 어떻게 구성할 것인가
- 아이디어를 어떻게 개발할 것인가
- 디지털 입지 구축
- 스타트업 설립시기
- 주식의 준비
- 소요자금 준비
- 당신의 스타트업 매도

이 책이 필요 없는 사람은

모험을 좋아한다면 창업하십시오. 창업은 예측하기 참으로 어려운 일입니다. 돈을 벌 수 있는지 확신할 수 없는 상황에서 주당 80시간 이상을 일해야 한다면 매우 혼란스러울 것입니다. 편안하게 살기를 원한다면 정상적인 출퇴근하는 '나인 투 파이브 (9~5)' 직장을 찾는 것이 좋을 것입니다.

기업 창업자들과 인터뷰

저는 26명의 창업 관계자들과 인터뷰를 했습니다. 그들은 창업자, 수석투자촉진 책임자(액셀러레이터)들로 실리콘 밸리와 Denmark, Finland, Sweden, France, Germany, Spain, Cote d'Ivoire, China, India, South Korea, Colombia, Indonesia, plus Hawaii, Florida, and New York 출신 사람들입니다. 창업의 실상을 배우기 위함이었는데, 그들의 많은 도움과 솔직한 의견에 감사 드립니다.

그들로부터 많은 것을 배웠고 그것이 저를 크게 변화시켰습니다. 저는 이 책에서 뭔가를 말하고자 할 때에 그들의 경험을 인용했습니다. 그들은 때로 서로 다른 길을 가고 있었지만 문제될 것은 없습니다. 정상으로 가는 길은 여러 갈래가 있기 때문입니다.

그들의 코멘트는 문장 앞에 화살표(👁)를 달았습니다.

내가 만난 사람들 : Brienne Ghafourifar (SV), Oscar Gomez (Colombia), Gala Gil Amat (Spain), Sandro Groganz (Germany), Dick Brunebjerg (Denmark), Joseph Biley (Cote d'Ivoire, West Africa), Jules Peysson (France), Scott Stouffer (SV), Lars Birkemose (Denmark), Kenneth Low (Singapore), Nick Hurd (Hawaii), Camille Belin (France), Sarah Green Brodersen (Denmark), Virginie Glanzer (NYC), Clement Gonthier (France), Maruf Yusupov (Denmark), Mehdi Coly (France), Andrea Lynn Cianflone (NYC), Wei Nie (China), Yeni Kim (South Korea), Varun & Rahul Aggarwal (India), and Chris Beach (US).

여러 액셀러레이터 책임자들과도 의견을 나누었습니다 : 레드우드 시에 있는 IgniteXL사의 Claire Chang, 샌프란시스코의 스티브 호프만 스페이스 사 창업자, 그리고 로스 가토스에 있는 아이스퍼랩의 에드 이프세르와 벤처캐피털 등입니다.

버전 1.0

이 책은 잘 되는 일과 그렇지 않은 것들에 대해 우리가 조금씩 배워나가면서 진화할 것입니다. 저는 매 학기마다 이것을 가르치고 캘리포니아, 스페인, 영국, 덴마크, 스웨덴, 핀란드, 프랑스, 중국, 한국, 아프리카 및 기타 지역의 스타트업과 협력합니다. 이 책의 새 버전을 수시로 발표할 것입니다. 킨들 버전을 사용하면 자동으로 업데이트 됩니다.

- 새로운 것을 시도하고 효과가 있다면 말해 주십시오. 이 책에 그것을 추가할 것입니다.
- 뭔가를 시도해도 효과가 없다면 말해 주십시오. 그것을 삭제하거나 다른 사람들

에게 경고할 것입니다.
- 이 책을 비방하고 싶다면 받아들이겠습니다. 저는 세 번이나 결혼했기 때문에 비판에 익숙해 있습니다.

본문과 관련한 몇 가지 안내
- 매번 '제품과 서비스'라고 쓰는 대신 '제품'이라고 씁니다.
- 어떤 사람들은 제가 왜 '모든 사람들이 알고 있는' 단어와 아이디어를 설명하는지 의아해 할 것입니다. 이 책은 중국, 아프리카, 아시아에서 읽힐 것이고, 그곳에서는 일반적인 미국 영어의 피칭이 무슨 말인지 모를 것입니다. 저는 많은 사람들이 마일스톤을 본 적이 없다고 들었습니다. 힌트를 준다면, 그것은 사무실에 있는 뭔가는 아닙니다.
- 이 책을 누구나 읽을 수 있게 썼습니다. 이해할 수 없는 단어나 문장이 있다고 알려주시면 바로 고쳐 쓰겠습니다.
- 여기서 10달러는 미국 돈이며, 10M이나 10B은 1천만 달러와 10조 달러를 의미합니다.
- 어떤 독자들은 왜 사무적인 비즈니스 스타일로 글을 쓰지 않느냐고 묻습니다. 오! 저는 짧게 마침표 찍기를 좋아합니다. 이유는 그것이지요. 창업이란 격렬한 개인적인 문제입니다. 공동설립자와 서로 잘 알게 될 것이고 형식적이고 사무적일 이유가 없습니다.
- 왜 이 책이 매우 짧으냐는 질문을 받습니다. 창업에 대한 책들은 보통 400쪽입니다. 하지만 사람들이 짧은 것을 좋아합니다. 더 질문이 있나요? 아니라면 다음 장으로 넘어갑시다.

저자가 독자에게

안녕하세요? 나의 책 〈The Connected Startup〉이 한국어로 출간되어 창업을 희망하는 한국의 젊은이들에게 도움이 될 수 있기를 바랍니다.

4차 산업혁명은 이미 시작되었고 기계산업 시대에서 디지털산업 세계로 완전히 전환되고 있다는 것은 주지의 사실입니다.

지금 사물인터넷, 기계학습, 로봇공학, 3D 프린팅, CrispR, 블록체인, 증강 현실(AR) 및 가상현실(VR)과 같은 완전히 새로운 기술이 영역을 넓혀가고 있습니다. 이에 관련된 새로운 회사가 수없이 나타날 것이고 이 책을 읽은 독자들이 그 창업자 중 한 사람이 될 수 있기를 바랍니다.

미래를 만나는 가장 좋은 방법은 그것을 창조하는 것이라는 말이 있습니다. 당신은 지금 바로 우리 미래를 만드는 주인공입니다. 당신의 꿈과 아이디어가 4차 산업혁명으로 가는 지름길은 실리콘밸리를 통하는 것입니다. 그 곳에서 스타트업에 관련된 많은 사람들을 만날 수 있습니다.

이 책에서는 창업에 관련된 사람들과 만남을 위한 액셀러레이터, 공동설립자, 자문역, 투자자, 벤처 캐피털 및 엔젤에 관한 최신의 정보를 모아 소개하였습니다. 이 책을 읽고 바로 회사를 창업할 수 있습니다.

당신을 실리콘 밸리에서 곧 만날 수 있기를 희망합니다.

Andrea

미국 실리콘밸리에서
안드레아스 라모스

역자가 독자에게

반세기 전만해도 "말은 낳으면 제주도로 보내고 사람은 낳으면 서울로 보내라"라는 말이 회자되었습니다. 4차 산업혁명 시대에 진입한 지금, 제 귀에는 "사업 아이디어를 가진 사람은 실리콘 밸리로 가라"는 말로 바뀌어 들립니다. 보낸다는 말은 피동적이고 간다는 말은 능동적입니다. 이제는 찾아가는 시대입니다.

왜 실리콘 밸리인가요? 우리나라에도 판교테크노밸리 등 유사한 밸리가 많이 있습니다. 중관춘(中關村)은 중국을 대표하는 실리콘 밸리이며 제2의 바이두나 샤오미 또는 알리바바를 꿈꾸는 젊은이들이 처쿠(車庫;차고) 카페를 창업 아지트로 활용하고 있습니다. 이러한 트렌드는 거의 모든 나라에 있으며 정부에서 적극적으로 지원하고 있습니다.

창업, 특히 글로벌 창업에 성공하려면 '한국의 젊은이들이 쉽게 접근하고 성공할 수 있는 곳이 어디냐'에서 답을 구해야 합니다. 중국어나 독일어를 이해하고 기술적으로 설명할 수 있는 기술자나 아이디어를 가진 젊은이가 많지 않을 것입니다. 실리콘 밸리가 한국의 젊은 창업자에게 유리한 이유는 :

첫째, 창업에 관련된 모든 사람과 기관이 몰려 있어서 하나의 클러스터를 이루고 있다는 점입니다. 투자자, 벤처기업, 엔젤, 경험 많은 자문역, 액셀러레이터, 변호사 등 모든 사람이 한 곳에서 만나고 시장이 바로 그곳에 있는 원 스톱의 도시이기 때문입니다.

둘째, 글로벌 IT 인력이 가장 많이 배출되는 인도와 중국인들은 물론 세계의 모든 창업 희망자들이 함께 모이는 곳이기 때문입니다. 판교테크노밸리나 중국의 중관춘에 외국인이 몇이나 되겠습니까?

마지막으로 언어적 및 문화적인 접근성입니다. 한국인이 가장 보편적으로 이해할 수 있는 영어가 통하는 나라이며, 법 제도 등이 우리와 가장 가깝습니다. 우리의 동포가 중국 다음으로 많이 살기도 하지만, 특히 조국에 대한 애정이 가장 높은 동포가 많이 사는 나라입니다.

모쪼록 이 책을 읽고 많은 독자들이 실리콘 밸리에서 창업에 나서고 성공을 거두기 바랍니다.

2017년 입추를 맞으며
김 달 호

추천의 글

창업 열정을 가진 사람은 모두 청년입니다. 창업은 자신의 미래를 스스로 만들어가고자 하는 사람들의 것이며, 그런 의미에서 창업 열정을 갖고 도전하는 사람은 모두 청년이란 뜻입니다.

이 책의 저자 안드레아스는 실리콘 밸리에서 창업을 지도하고 교육하며 지금도 직접 현장에서 뛰고 있는 사람입니다. 온라인 상에는 성공한 사람들의 이야기가 많이 올라와 있지만 이론적인 말 잔치에 그치는 경우가 대부분입니다. 이 책은 창업을 하는 데 꼭 필요한 실무 안내서이며 성공으로 가는 길의 작은 걸음도 상세하게 안내하고 있습니다. 창업을 꿈꾸는 청년, 특히 실리콘 밸리에서 창업에 도전하려는 청년들에게 필독서입니다.

교포 2세인 저는 미국에서 나고 자랐고, 20년 이상 첨단기술자문 변호사와 벤처캐피털리스트로 일했습니다. 그래서 많은 기업들이 성공으로 가기 위하여 노력하는 과정을 직접 만나게 되었습니다. 실리콘 밸리 창업 및 투자 관련 최대의 로펌인 Wilson & Sonsini에서 변호사를 시작으로 서울의 최대 로펌 김앤장에서 3년을 근무하였으며 실리콘 밸리 SK 벤처스 지사장을 거쳐 지금은 창업자들의 법률자문을 맡고 있습니다. 특히 한국의 젊은이들 중에 창업 관련 법률서비스가 필요하신 분은 언제라도 최선을 다하여 도와드릴 준비가 되어 있습니다.

청년 정신으로 창업의 길에 나선 여러분은 모두 청년입니다.

성공하길 빕니다.

Patrick Chung
patrickc4@gmail.com

 Patrick, who has been working in Silicon Valley for over 20 years, is the general manager of playce.io, a low-cost service to give a real address in Palo Alto, California (near Stanford University) and co-founder of White Cat Black Dog, a consulting firm with an emphasis on design (mobile, web, industrial), strategic relationships and raising venture capital. Patrick was the Managing Director of SK telecom ventures, a corporate attorney at Wilson Sonsini Goodrich & Rosati, and a corporate attorney at Kim & Chang. Patrick holds a Juris Doctor degree from New York University School of Law and a Bachelor of Arts degree in economics from the University of California, Berkeley. He can be reached at linkedin.com/in/patrickfromsv/

01 당신과 당신의 창업 씨앗심기 *You and Your Seed Startup*

창업 씨앗심기란 정확히 무엇인가?
실리콘 밸리에서 창업에는 여러 단계가 있다.
- 창업 씨앗심기 단계(Seed Stage) : 사람들이 아이디어를 가지고 팀을 구성하고, 사용자와 인터뷰하고 제품을 만들어 실행 가능한 비즈니스 모델이 있는지 확인한다. 그들은 몇 명의 고문을 영입하고 인큐베이터 및 액셀러레이터와 함께 할 수 있다. 아이디어가 좋으면 가족, 친구, 엔젤로부터 자금을 얻는다. 씨앗심기는 초기 창업단계라 한다.
- 창업 중간단계(Mid-stage Startup) : 프로젝트가 계획에서 수입이 생기는 사업으로 바뀌어 고객을 확보하고 돈을 벌기 시작하는 단계이다. 소수의 직원 및 하청 업체를 고용하고, 초기 마케팅, 판매 및 세부 계획을 만든다. 아마 엔젤과 VC들로부터 더 많은 자금을 확보하는 단계다.
- 창업 마무리 단계(Late-Stage Startup) : 프로젝트는 돈을 버는 프로세스로 바뀌고 임원과 직원을 고용한다. 성장을 위한 마케팅 및 판매에 대한 투자를 늘리고 부서를 추가한다. 엔젤과 벤처자금이 들어오는 성장 단계라고도 한다.

이후에 회사를 매각하거나, 다른 회사에 합병하거나, 공개 상장을 하거나 회사를 영원히 직접 운영하기도 한다.
스타트업 추진 단계별 정의는 명확히 없다. 창업자와 투자자도 다른 목표를 가지고 있으므로 다른 이름과 정의를 사용한다. 그리고 그것은 모두 진화한다.

스타트업이란 무엇인가?
스타트업이란 한동안 실리콘 밸리에서 기술을 가진 회사를 의미했다. 그러나 이제는 사실상 모든 회사가 기술을 가지고 창업을 한다.

Uber는 기술 회사인가? 아니면 소프트웨어를 사용하는 택시 회사인가? 해가 바뀔수록 그 정의가 흐려지고 있다. 여기서는 기술 창업에 초점을 맞추고자 한다.

실리콘 밸리란 무엇인가?

1930년대에서 1990년대에 이르기까지 실리콘 밸리(SV)는 반도체 칩, 하드디스크, 근거리 통신망 라우터 등에 기반을 둔 엔지니어링 중심이었다. 90년대 중반에 이르러 실리콘 밸리는 인터넷과 웹으로 진화하였다. 야후와 구글이 세워지고 2000년대 중반(mid-2000s)에 페이스북, 인스타그램, 핀터레스트 등이 등장했다. 실리콘 밸리는 지금 웹 기반 회사들이 대부분이다. 따라서 지금은 '실리콘 밸리' 대신에 '디지털 밸리'로 불러야 할 것이다.

실리콘 밸리에는 3가지가 함께 움직인다.

첫째는 스타트업이다. 이는 회사를 창업하려는 창업자와 자문팀이다. 실리콘 밸리에는 약 3만 개의 스타트업이 있다.(참고 see goo.gl/zk54re)

둘째는 돈이다. 스타트업에서 돈을 번 엔젤이 새로운 스타트업에 투자하는 돈이나 투자받은 돈을 관리하는 벤처캐피털 (VC)에서 나온 자금이다.

셋째는 법률적인 서비스다. 회사설립, 계약서, 지적재산권(IP), 특허, 저작권, 상표 등의 법률문제 서비스는 변호사들에 의해 처리된다. 인수와 합병(M&A)에 따른 서비스와 스타트업 거래, 그리고 기업상장에 대한 준비는 투자은행이 한다.

3가지의 중요한 요소가 있다는 것을 기억해야 한다. 아이디어, 돈 그리고 법률적인 문제 처리다.

실리콘 밸리는 어디에 있나?

모든 것이 그러하듯이 실리콘 밸리의 지도도 바뀌고 있다.

내가 1990년대 초에 실리콘 밸리에 처음 왔을 때 이곳은 팔로 알토와 주변의 작은 도시가 전부였다. 지도상으로 Mountain View, Sunnyvale, Santa Clara and Cupertino 등으로 낮은 두 산맥 아래 작은 계곡이 있었다.

90년대 후반 실리콘 밸리는 고속도로 101, 237 그리고 880 사이 삼각지역 안으로 확장되었다. 거대한 과수원이었던 이 곳에 Cisco와 많은 웹 기반 회사들이 들어왔다.

2000년대 초에 다시 산 마테오에서 산호세 북쪽과 페르몬트까지 넓혀졌다.
2010년대 초에는 샌프란시스코의 스타트업들이 늘어나면서 이른바 '그레이트 베이 지역'으로 확장되었다. 이 삼각지역은 마린 카운티에서 타호에 이르고 다시 아래로 몬테레이에 이르는 약 1,000만 인구에 달하는 지역이 되었다.

어느 시점에서 실리콘 밸리는 세계화되었다. 한때 작은 계곡의 몇몇 작은 마을이었 던 이곳은 글로벌 네트워크로 바뀌었다. 이곳에서는 대부분 웹 기반이므로 팀원들 이 어디에 살고 있는지는 중요하지 않다. 무료 화상회의, 이메일 및 파일 공유를 통 해 어디에서나 업무를 수행할 수 있다. 사람들이 집에서 일하는 동안에 유럽과는 이 른 아침에, 한국과 인도와는 늦은 저녁에 전화를 할 수 있다. 실리콘 밸리의 노동자 중 74 %가 다른 나라 출신으로 아마도 세계에서 가장 세계화 된 지역일 것이다.(goo. gl/PM1XZ2, 14 페이지 참조).

실리콘 밸리는 이제 전 세계적이다. 그래서 필자는 중국, 인도, 유럽, 아프리카, 남미 와 미국에 있는 사람들을 인터뷰할 수 있었다.

이것이 이 책에서 중요한 아이디어 중의 하나다. 세계 어디에 있든 누구나 실리콘 밸 리에서 창업을 할 수 있다. 실리콘 밸리에서 사업 아이디어나 경험을 얻을 수 있고 당 신의 나라나 도시에서 무엇이 효과가 있는지 알 수 있다. 웹을 통하여 실리콘 밸리에 있는 사람들과 네트워크를 맺고 일할 수 있다. 그리고 어디에 있든 창업할 수 있다. 실리콘 밸리에서 지난 20년 동안 일어났던 일들이 향후 20년 동안에는 세계 모든 지 역에서 일어날 수 있다.

3단계 창업하기

창업에 대한 간략한 개요는 다음과 같다. 이 책에서 이 모든 것들을 다룰 것이다.
- 공동설립자와 자문관들을 포함한 작은 팀을 구성하라.
- 고객들이 안고 있는 문제들로 인해서 발생하는 시간과 비용을 줄이기 위해서 고 객들과 논의하라.
- 이 인터뷰들에 기초하여 그러한 문제를 해결할 제품을 개발하고, 이런 제품이 6주 에서 8주 내에 시장에서 받아들여질 지를 알아내야 한다.

당신이 충분한 고객들이 있다는 것을 보여주고, 제품이 고객들의 시간과 비용을 절감시켜줄 수 있다는 것을 보여주면, 고객은 그 제품을 구매할 것이고 투자자는 관심을 보일 것이다. 이 시점에서, 씨앗단계에서 중간단계의 스타트업으로 넘어가 투자자에게 돈을 얻어 회사를 설립하고 은행계좌를 개설하고 투자를 유치하는 것이다. 투자자금을 이용하여 마케팅을 하고 영업을 하여 수익을 만드는 것이다. 고객이 생기면 지원군을 얻게 된다.

최종 단계는 엑싯(출구찾기)이다. 창업 씨앗단계에서 팔거나 마지막 단계에서 큰 기업에 매도할 수 있다. 그들이 더 많이 팔고 마케팅도 잘 할 것이다. 1,000만 달러를 받아 공동설립자와 자문관과 나누고 자신의 개인 해변을 살 수 있을 것이다.

이해가 되는가? 단지 3단계 과정이다.

어떤 시점에서 당신은 회사 설립을 위한 서류를 만들고 변호사, 회계사 등을 만나 일을 수행하게 될 것이다. 이러한 것들은 당신이 해야 할 일들이다. 마치 매일 이를 닦는 것이나 같은 것이다. 이 일은 성공적으로 마무리 지어져야 한다. 당신이 진정으로 해야 할 일은 팀과 제품, 그리고 고객을 위한 일이다.

"잠깐 생각해 보자. 위에 열거한 3단계 이상의 것은 없는가?"

그냥 주의 깊게 보며 생각하기 바란다.

소요 비용

90년대 초에는 창업하는 데 약 2,000만 달러의 돈이 필요했다. 규모가 작은 미니 회사들의 경우에도 그랬다. 대략 1,200만 달러는 전국적인 광고비에 들어갔고, 300만 달러는 사무실과 사무비품 구입에 들어갔다. 서버를 운영하고 IT기반, 회계와 금융, HR, 비서진, 리셉션 직원, 청소관리인 등이 필요했다. 컴퓨터를 사고 서버, 전화 등도 물론 사야 했다. 전국을 커버하는 라디오, TV와 신문 등에 광고하는데 드는 비용은 매우 비쌌다.

오늘날에는 매우 적은 돈으로 회사 설립 초기단계에 진입할 수 있다. 얼마나 '매우 적은 돈'이냐고? 만약 당신의 제품이 애플 앱 스토어에 있다면, 당신에게 필요한 것은 100달러 정도 드는 애플 앱 스토어 개발 라이선스를 받는 것이다. 당신이 해야 할 일이란, 제품명에 대한 키워드와 슬로건, 피치라는 짧은 소개 글, 정곡을 찌르는 마무리 말 등의 문장과 로고를 테스트하기 위한 구글 광고문안을 만드는 것이다. 여기 드는 비용은 100~200달러 정도이다. 만약 구글 분석에 참여서명을 한다면 150달러의 크레딧을 얻을 수 있다. 물론 싫으면 하지 않아도 된다. 결론적으로 초기 창업 씨앗심기 단계에서는 100~200달러 정도면 시작할 수 있다.

스타트업에 대해서 알아야 할 것은 무엇인가

한 번에 두 가지 일, 즉 제품을 개발하는 일과 회사를 세우는 일을 동시에 하게 된다. 이 책에서는 주로 후자에 해당하는, 어떻게 회사를 설립하여 제 궤도에 올려놓을지에 대해 이야기한다. 주식을 나누는 방법을 포함하여 합법적인 내용과 합병의 의미를 이해해야 한다. 자금이 더 필요하다면 창업자 팀의 모든 사람들은 투자자들이 무엇을 원하며 그들이 어떤 방식으로 일하는지 알아야 한다.

주식 몇 주, 그리고 회사지분의 몇 퍼센트를 가질 수 있는지, 그리고 주식의 가치 하락이 가져올 영향에 대해서 알 필요가 있다. 또한 대부분의 돈을 우선주를 가진 투자자에게 준다는 것도 알아야 한다.

기업설립, 변호사 그리고 자금조달이란 무엇인가

200만 달러를 투자 받기 위하여 자금을 받을 기업명의 은행계좌가 필요하다. 은행계좌를 개설하기 위해서 EIN 번호(고용주 식별번호)를 얻어야 한다. 또 EIN 번호를 얻기 위해서는 회사를 설립해야 한다.

창업 씨앗심기가 끝나가는 무렵에 이 모든 일을 해야 한다. 먼저 팀을 구성하고 적절한 제품을 가지고 있는지 확인해야 한다. 이런 준비가 되었다면 자금조달을 위한 걸음을 시작한다. 투자자가 당신에게 돈을 주면, 기업을 설립하고 은행계좌를 열고 수표를 보관하라.

많은 창업자들이 제품을 개발하기 전에, 또는 개발을 시작하기도 전에 회사를 설립하는 경우가 있다. 이는 잘못된 결정이다. 첫째, 이러한 일은 시간이 필요하며 시간을 낭비하지 말아야 한다. 둘째, 회사 설립비용은 2,000달러 정도지만 설립 과정을 잘 모르면 변호사들은 2만 달러에서 3만 달러를 요구할 것이다. 마지막으로 아이디어가 시장에서 작동하지 않는다면 시간과 돈을 잃는 것이다. 투자자가 나타날 때까지 기다렸다가 그 돈을 회사 설립을 위해 사용하라.

필요한 것들

당신은 단지 몇 가지가 필요하다.

- 자신감 : 당신이 좋은 시도를 할 수 있도록 자신을 신뢰하라. 불평하는 사람들과 부정적인 사람들은 무시해 버려라.
- 자기 약속 : 1~2년 동안 죽을 힘을 다하여 일하겠다는 약속을 해야 한다.
- 인내 : 내가 인터뷰 한 거의 모든 창업자들의 공통점은 '노'라고 말하지 않는다는 점이다. 그들은 일을 성공으로 만들기 위해 밀어붙이고 또 밀어붙이는 추진력이 있었다. 문이 닫혀 있다면 문으로 달려가 문이 열릴 때까지 밀어붙인다. 그리고 문이 열리지 않는다면 맹렬하게 창을 두드리고 기어오른다.

이 이상은 더 할 필요가 없다. 그렇다면 컴퓨터가 해결할 수 있으리라. :-)

◎ 대부분의 기업 창업자들은 모두 행복했다. 그들은 매우 열심히 일했고 진정으로 원하는 것을 하고 있다고 생각했기 때문이다. 아무도 무엇을 해야 한다고 말하지 않았다. 그 일을 하고 있는 동안에 일은 노동이 아니었다. 그리고 귀찮은 일은 더구나 아니었다.

◎ 용기를 북돋우는 것 역시 필요하다. 지금까지 해 왔던 일을 중단하는 용기와 전에 결코 해보지 않았던 일이나 그 일이 어떤 효과를 가져올지 모르는 일을 시작하는 것 또한 용기가 필요하다.

왜 일자리를 얻지 않는가

큰 기업에서 일자리를 잡는 것이 낫지 않을까? 그게 더 안전하지 않은가?
사무직 일자리는 단점이 있다. 회사는 직원들이 일의 프로세스에 적응하길 원한다. 이는 직원들이 배울 것이 많지 않다는 뜻이다. 고용보장이란 없다. 왜냐면 회사는 기업의 분기별 적정 고용을 유지하기 위하여 분기별로 직원을 해고한다. 이런 일이 일어나면 부사장은 보너스를 받는다. 그래서 직원을 해고하길 원한다.
스타트업 역시 어려움이 있다. 당신은 일에 지칠 것이고 또 가끔 놀랄 것이다. 당신이 뭔가를 처음 하는 일이라면 아무도 당신에게 무엇을 해야 하는지 보여 줄 수 없거나 잘 될 것이라고 말할 수 없다. 창업은 혼돈 속으로 들어가는 것이다. 우~우후!
회사가 오래 잘 운영 되면 더 많은 보수를 주지 않을까? 당신이 일자리를 지키려면 당신 급여의 약 4배를 생산해야 한다. 만약 기업이 연봉 10만 달러를 지급한다면 당신은 40만 달러어치의 생산을 해야 한다는 의미다. 당신이라면 40만 달러를 생산하는 사람에게 30만 달러를 줄 수 있을까? 만약 그게 좋은 아이디어라고 생각한다면 그건 나에게 보내주시라. (제가 그 일을 할 게요.)

창업 씨앗심기 단계에서 내 일자리는 어떻게 얻나?

이 책을 통해 당신도 깨닫게 되겠지만, 창업 초기단계에서는 사람을 고용하지 않는다. 그들은 작은 그룹의 창업자, 자문역 그리고 투자자들이다. 만약 창업자가 급여를 받는다면 이는 기업이 지불할 비용이 될 것이다.

사람들은 페이스북과 트위터에서 일자리를 얻는다. 그러나 이들은 '창업씨앗 기업'이 아니다.

당신도 창업 씨앗심기 단계에서 훈련을 받지 않을 것이다. 당신은 막대한 책임을 지지만 아무도 당신을 도와주지 않는다.

언젠가 인턴직원을 9시에 채용했다. 10시에 그를 데리고 주요 고객과 미팅에 데리고 갔다. 회의 장소에 들어가기 전에 그에게 말했다. "당신이 인턴이라고 말하면 아마도 우리 고객은 당신에게 커피 심부름을 시킬지 모른다." 그래서 나는 그를 이사라고 소개했고 우리는 오후 1시에 프로젝트를 따냈다. 나는 그 프로젝트를 그에게 넘겨주었다. 나는 무엇을 했을까? "나는 다른 미팅에 가야 해. 처리하게."라고 말하고 자리를 떠났다.

그런데 궁금한 점이 있다. 사람들이 스타트업에서 일자리를 얻고 높은 연봉을 받으며, 많은 주식을 받아서 상장이 되면 부자가 되는 것인가? 영화에서처럼?

아마도 그럴 수 있을 것이다. 그러나 20개 창업회사 중 19개는 실패한다. 당신은 지치고 주식은 종잇장이 될지 모른다. 대부분의 급여는 실리콘 밸리의 높은 집세와 식료품에 지급되고 당신은 당신의 개를 계속해서 키울 수 없을 지도 모른다.

직업을 얻는 대신에 창업을 하면 당신의 개가 당신을 쳐다볼 수 있을 것이다.

만약 당신이 여전히 창업 중간단계나 최종 마무리단계의 기업에서 일하기를 원한다면 사이트 angel.co을 방문해 보라.

실리콘 밸리의 빙산을 보라

빙하를 볼 때에 우리는 빙산의 꼭대기만 볼 수 있다. 빙산의 92%는 수면 아래에 있기 때문이다. 바로 빙산처럼 실리콘 밸리의 실체를 보기 어렵다. 사람들은 실리콘 밸리에 오면 컨퍼런스, 핵커 이벤트 외에 밤마다 피치나이트에 가지만 사업 관련자, 좋은 인적 네트워크나 경험 있는 자를 만나지 못한다.

많은 미팅이 팔로 알토 후원에서 가끔은 밤중에 또는 주말에 열린다. 실리콘 밸리에서 전문가 사이의 인간적 유대는 매우 깊다.

실리콘 밸리에서 방문객을 놀라게 하는 하나는, 언제나 푸른 하늘과 맛나는 음식을 제외하고도, 사람들이 개방적이고 협력적이라는 점이다. 이 세상의 거의 모든 곳에서 비즈니스맨들은 비밀스럽고 일반적으로 남을 도와주지 않는다. 하지만 그 이유가 무엇이든 실리콘 밸리 사람들은 아이디어, 정보와 자료를 서로 나눈다.

네트워크를 넓혀라

인간관계는 얻는 것이 아니라 만드는 것이다. 사람들과 이야길 나누고 무엇을 하고자 하는지 보여주어라. 그들은 당신을 더 많은 사람들에게 소개해 줄 것이다. 그들이 소개하는 사람들은 :
- 3번 이상의 창업을 한 사람들과 10년 이상의 경험을 가진 사람.
- 회사를 설립하기 위해서 진출한 많은 학생들을 가르쳤던 경영대학원 학장이나 교수들. 또한 기업업무를 컨설팅하고 투자자를 아는 사람.
- 기업 인큐베이터 책임자와 창업자와 투자자들과 일하는 액셀러레이터.
- 다른 투자자들을 잘 아는 투자그룹의 책임자들.
- 벤처 캐피털 회사의 총괄 파트너, 동반 경영자, 젊은 동료, 분석가 그리고 인턴 직원.

이들 대부분은 실리콘 밸리 이벤트에 매우 적극적이며 지속적으로 창업자를 찾고 있다. 당신이 20대 초반이라면 앞으로 약 30년 간 경력을 쌓을 수 있다. 기업을 창업하거나 하나씩 많은 인맥을 쌓아갈 수 있을 것이다. 그들은 모두 당신의 경력에 일조할 수 있는 사람들이다.

가능한 비즈니스를 구축할 수 있다는 것을 보여 주면 투자자가 올 것이다. 마크 저커버그(Mark Zuckerberg)가 팔로 알토에 왔을 때, 그는 투자자들에게 갈 필요가 없었다. 그들은 그를 만나기 위하여 줄을 서 있었다.

🎯 어느 창업자의 팁은 '많은 인맥을 가진 경험 있는 자문역을 얻었다'는 것이다. 그는 30명의 자문역을 구성하고 개인 인맥을 통하여 자금조달을 완전히 해결하였으며 벤처 캐피털에는 가지 않았다.

🎯 몇몇의 창업자들은 인맥이 중요하다고 말했다. 만약 당신이 인맥의 구성원 안(Insider)에 있다면 누구나 당신을 만나고 이야길 나눌 것이지만 인맥의 밖(Outsider)에 있다면 그 속으로 들어가기 어려울 것이다.

MIT의 알렉스 펜트랜드 교수는 일일 온라인 전자식 투우경기에서 수백만 건의 거래 사례를 추적했다. 여기서도 사회적 인맥끼리 아이디어와 전략을 나누고 있었다. 그들은 소외되어 있거나 다른 거래자들과 깊이 연관되어 있었다. 깊이 연관되어 있는 사람들의 그룹이 소외된 사람들 그룹보다 30% 이상을 더 벌었다.

Linkedin 창업자인 레이드 호프만은 Y-Combinator 이벤트에서 말했다. 그는 링크드인을 260억 달러에 마이크로소프트에 팔았으며 2010년부터 벤처캐피털을 만들었다. 샘 앨트만은 그에게 매년 몇 개의 창업제안서를 받았느냐고 물었다. 호프만은 약 6000개를 받았다고 답했다. 그 중 몇 개나 읽느냐고 질문을 던졌더니 아무것도 보지 않는다고 말했다.

"모두 버려요."

"아무 것도 읽지 않는다고요?"

"그래요, 모두 버립니다."

"그럼 몇 가지 좋은 아이디어도 잃을 수 있지 않을까요?"

"아니오, 만약 창업 희망자가 나를 아는 사람을 통해 그 제안을 제시할 인맥이 없다면 그는 공동설립자를 찾을 수 있는 인맥이 없는 것이라고 봅니다. 그리고 직원을 고용할 인맥도 없는 것이고 투자자를 만날 인맥도 없는 것이며 고객을 만날 인맥이 없는 것이기도 해요. 그래서 그 제안서가 인맥을 통해 나에게 건네질 수 없다면 사업도 아마 실패할 것입니다."

실리콘 밸리의 드레스코드

실리콘 밸리에서는 무슨 옷을 입을까? 모든 나라에서처럼 표준은 있다. 많지는 않지만 어느 정도는 있을 것이다.

실리콘 밸리에서는 누구나 버클레이 졸업생처럼 보인다. 폴로셔츠나 티셔츠에 블루진 바지, 운동화를 신는다. 여름에는 반바지에 샌들이다.

뉴욕에서는 타이를 매지만 실리콘 밸리에서는 타이를 매지 마라. '무지한 사람'으로 취급될 것이다. 이러한 티셔츠와 청바지를 입은 직원이 다른 도시에 있다면 문제가 될 수 있을 것이다. 만약 뉴욕에서 맨발의 남자가 수염을 길게 기르고 낡은 티셔츠에 찢어진 청바지를 걸치고 당신에게 말을 걸어온다면 큰 소리로 경찰을 부를 지도 모른다. 하지만 팔로 알토에서는 이런 사람들을 자주 볼 수 있다. 나는 가끔 가까운 카페에서 스티브 잡스를 보았다. 그는 티셔츠에 청바지를 입고 맨발이었다. 실리콘 밸리에서는 당신의 기술에 관심을 갖지만 다른 것은 별로 눈여겨보지 않는다.

디지털 인물정보가 필요하다

오케이, 티셔츠와 청바지. 또 무엇이 더 필요한가?

그렇지. 당신을 웹에서 쉽게 찾을 수 있어야지. 그래야 일반 사람들, 투자자와 고객들이 당신을 찾을 수 있다. 다시 말해서 :

- 개인 웹 사이트 : 이것은 1페이지짜리일 수도 있다.
- 전문적인 사진 : 진짜 프로다운 사진을 사용하라. 스냅 사진을 사용하지 마라. 사진관에 가야 한다면 몰에 있는 아이들 전문 사진사에게 가서 토끼 귀를 한 사진을 25달러를 주고 찍어라.
- 크런치베이스, Angel.co, 링크드인, 페이스북 그리고 트위터에 페이지를 만들어라.
- 전화와 e-mail : 미국 전화와 창업회사 이름의 사이트 메일(또는 Gmail 사용)

주소를 얻어라.

🎯 어느 창업자의 팁 : 미국 전화번호를 얻어라. 심 카드를 월 3달러 플랜에 가입(1년 선납)하고 미국에 갈 일이 있을 때 이 심 카드를 T-Mobile에 가지고 가서 40달러를 내면 30일 동안 휴대폰과 인터넷을 이용할 수 있다.

웹에서는 당신의 사회 이력, 관련 업적, 경험 그리고 전문지식을 보여주는 게 좋다. 관련 자격증명서가 있으면 그것도 보여줘라. 예를 들면, 당신이 제네바 대학의 컴퓨터 사이언스 학위를 받았다거나 핵커톤 대회에서 두 번 우승을 했다는 것 등 말이다. 강아지조련증명서 같은 것은 좋은 생각이 아니다.
당신의 비즈니스 카드가 필요하다. 조금씩 사용이 줄긴 하지만 아직도 많이 사용된다. 투자자 및 고객이 당신을 검색할 때 실제로 디지털 인물정보가 필요하다. 보여줄 정보가 없으면 좋은 인상을 주지 못한다.
당신은 당신의 사회적 경력을 보여줄 때 밝은 면을 보여주어야 한다. 투자자와 자문역 그리고 큰 고객들은 아마 이 페이지를 볼 것이다. 페이스북, 트위터 등에서 필요 없는 것은 지워야 한다.
만약 당신의 이름이 흔해서 구글에서 찾을 수 없는 경우 구글 Adwords를 사용하라. 이름을 따옴표나 대괄호를 사용하여 키워드에 추가하고 광고를 직접 만들어라(예를 들어 "john smith" and {john smith}). 그리고 광고를 창의적으로 해라. 하루 1달러 예산으로 25센트에 입찰을 시작하라.

스타트업의 주당 근무시간

주당 근무시간이 40시간이라면, 60시간 일할 경우 150% 근무에 해당한다. 한 창업자와의 인터뷰에서, 그는 5개월 동안 기준의 340% 일을 하고 있다고 말했다.
그러나 시간을 계산할 일은 아니다. 당신은 효율적으로 일해야 할 것이다. 직원들이 두 달 동안 할 일보다 많은 일을 한 주에 효과적으로 해야 할 것이다.
실리콘 밸리에서는 이를 '개 나이'라고 부른다. 이는 미국식이다. 개의 1년은 사람의 7년에 해당한다고 한다. 두 살 난 개는 14살 된 틴에이저와 같다는 말이다. 창업자의

1년은 다른 사람의 7년보다 더 많은 것을 해야 한다.
비록 많은 창업자들이 3~6개월 동안 매일 일한다 해도, 내가 권하고 싶은 것은 일요일은 쉬라는 것이다. 에너지가 다 소진되면 더 이상 일을 잘 할 수 없기 때문이다.

🎯 일이 힘들까? 아니다. 거의 대부분의 창업자들은 이구동성으로 일을 즐긴다고 한다. 왜냐면 진정으로 그들이 원하는 것을 하고 있기 때문이다. 회사 일은 지루하기 때문에 주당 40시간 일하는 것은 실제 매우 힘들다.

왜 창업하는가

투자를 받지 않으면 당신은 당신이 하고자 하는 것에서 자유롭다. 실리콘 밸리에서 첫 번째 룰은 '실리콘 밸리에서 룰은 없다'는 것이다.
만약 당신이 투자를 받았다면 투자자는 투자자산이 더 커지길 바랄 것이고 그들은 당신을 종업원으로 대할 것이다.

🎯 한 창업자는 '기업설립에 대한 무한의 창의성'을 사랑했다고 한다. 다른 많은 사람들은 창업이 돈 때문이거나 회사를 설립하는 것 자체를 목적으로 한다면 이는 잘못된 생각이라고 한다. 사업은 창조하는 것을 사랑하기 때문이어야 한다.

🎯 창업자 중 몇 사람은 "창업을 통해 자신에 대해 배웠다."고 말해주었다. 그들은 얼마 후 자신들이 안정적인 회사를 진정으로 원했었다는 것을 알았다. 지루한 일이 반복되는 수백 명의 직원을 가진 너무 큰 회사가 아니었다. 큰 회사를 꿈꾸는 것은 좋지만 사람들은 일반적으로 손에 잡히는 실질적인 발전을 할 수 있는 것을 가지고 창업하기를 원한다.

개인적인 영향

마지막으로 창업에 대한 몇 가지 유의할 점은 당신의 인생에도 영향을 줄 것이다. 휴식 없이 일하면 에너지가 소진될 것이다. 몸은 너무 오래 앉아 있으면 상하게 된다. 나이트클럽에서 일어나는 즐거운 것들은 단지 영화에나 있을 법한 일이고, 당신은 토요일 밤 새벽 3시에도 컴퓨터 앞에 앉아 있을 것이다.

창업은 인간관계에서도 매우 나쁜 일이다. 창업은 인간관계보다 더 집중해야 한다. 이혼하는 좋은 방법이기도 하다. 당신의 아내나 연인에게 1~2년 보이지 않아도 괜찮다는 승낙을 받아 두어야 한다.

잠시 쉬어 가라. 레드우드, 산타크루즈 해변, 빅수르, 피나클 국립공원, 요세미티, 그랜드캐년, 호스슈 벤드, 낮은 안텔로프 캐년, 시온 국립공원 등으로 가라. 아무런 장애가 없는(노 바스 ; no bars) 곳으로 가라. 여기서 '노 바스(no bars)'라는 말은 휴대폰을 받는데 아무런 수신 막대기호가 보이지 않는 불통지역이어야 한다는 의미다.

랩탑을 가져가지 말라. 우리 팀이 하와이에 갔을 때 ; 몇 사람의 개발기술자들이 호텔방에 머무르면서 코드작업을 했었다.

마우이나 산타크루즈에서 가서 해변에 누워 보라. 그곳에서 얼마나 많은 돈을 잃고 있는지 생각을 시작할 때까지 해변에 누워 파도를 바라보고 새들이 노래하는 것을 듣게 될 것이다.

기억해야 할 것은 높은 곳이다. 당신은 누군가 하지 않았던 일을 하는 것이고 모든 사람들이 그것을 이용할 것이다.

🔴 처음 창업하는 사람들은 경험 부족과 불확실성을 이야기한다. 모든 것이 새로워야 하고 모든 것이 명확해야 하고 모든 것이 즉시 이루어져야 한다. 낭비한 시간에 대한 엄청난 좌절이 있을 것이다. 모든 것이 실패로 돌아가고 아무 것도 이루지 못하고 한 해를 보냈다는 것을 알게 되었을 때에 미치도록 허탈할 것이다.

장기적 안목

오케이. 조금 나쁜 뉴스가 있다. 처음 창업하는 경우라면 실패할 확률이 높다. 배워야 할 것도 많은데다가 동시에 많은 일을 해야 한다. 많은 실수도 있기 마련이어서 결국은 에너지가 다 소진되어 절망에 빠질 수 있다

여러분 중의 몇은 생존하기 위하여 여러 달을 보낼 것이다. 많은 비용이 들어가고 남은 돈은 얼마 되지 않으며 모든 사람들은 당신이 하는 일에 의문을 갖게 된다. 스스로도 이제 의심한다. 마크 저크버그는 페이스북이 가치 있다고 생각하지 않았다.

창업을 한다는 것은 매우 복잡한 퍼즐을 푸는 것과 같다. 당신이 의심스러워하는 지침서는 또 다른 퍼즐이며, 몇 가지 부분이 빠지고 아무에게도 물어볼 사람이 없다. 하나를 바꾸면 다른 것이 보이지 않는 문제가 생긴다.

일이 잘 되지 않는다면, 당신의 자문역과 상의하고 빨리 중단하라. 좋지 않은 아이디어를 가지고 오래 질질 끄는 것은 하지 마라. 실패는 빠를수록 좋다. 그래야 다음 프로젝트를 시작할 수 있기 때문이다.

실패의 경우 얻게 되는 좋은 소식은 함께 모여서 팀을 리드하며 자문역, 투자자, 고객 그리고 공급자들과 관계를 어떻게 발전시키는가를 배우게 되는 것이다. 일을 열심히 잘 했음에도 실패했다면, 당신의 팀은 다음 창업에서 당신을 따를 것이다. 거의 모든 인터뷰에 응한 사람들은 두 번째 그리고 세 번째는 더 나아질 것이라는 데 동의했다. 당신의 목적에 초점을 맞추고 당신이 원하는 것을 해야 한다. 남을 위해 일하지 말라. 마치 말에서 떨어졌다가 일어나 먼지를 툭툭 털어내고 다시 말 등으로 돌아오듯이 돌아오라.

스타트업의 미래는 무엇인가?

앞에서 언급했듯이 실리콘 밸리는 지금 인터넷, 웹 그리고 기술에 대한 글로벌마켓을 만들었다. 미국이나 독일시장뿐만 아니라 온 세계에 팔 수 있게 되었다

◉ IoT, AI, Machine learning, 3D printing, biotech그리고 blockchain 등 많은 새로운 기술이 등장했다. 이러한 것들이 새로운 플랫폼을 형성하게 될 것이고 수많은 회사가 생겨날 것이다. 여기에 더해서 이러한 회사들에 서비스하기 위한 수백 개의 새로운 회사가 만들어질 것이다.

예를 들어, 소셜 미디어 개념이 페이스북을 나오게 했고 이어서 에코시스템 소셜 미디어 회사 등이 더해지고 수백 개의 툴과 수천 개의 대리점이 만들어졌다. 이런 것들이 새로운 수천 개의 스타트업을 만들어 낼 것이다. 오늘 우리가 가진 것은 미래에 가지게 될 것의 1%에 불과하다.

그게 정말 가능할까? 내가 웹 주소를 가졌을 때, 거기엔 단지 수천 명 정도만이 있었다(내가 andreas.com을 가진 이유다). 개인 웹은 다음 10년 동안 배로 늘어날 것이다.

팔로 알토에 대한 추가 정보

팔로 알토에서 가 볼만 한 곳, 무엇을 먹을 지와 살 지에 대해서는 andreas.com/startup에 더 많은 정보를 올렸다.

창업자의 스타트업

각 장마다 내가 인터뷰한 창업자들에 의한 스타트업을 실었다. 웹 페이지에 모든 리스트가 있으며 작동하는 링크를 걸었다. 여기 첫 2개 사례를 소개한다.

- Lars Birkemose, 공동설립자. Emote는 모바일 장치용 비디오 편집기이다. Snapchat, MSQRDE, Artisto, FXguru 등에 비디오를 잘라 내거나 분해하고, 오디오/비디오를 분리하고, 사운드를 조정하고, 트랙, 음악, 그래픽, 색상 등을 추가할 수 있다. 더 많은 정보는 Emote.com을 방문하라.
- Dick Brunebjerg, 창업자. ERP와 완벽하게 통합된 제품 데이터를 위한 100% 표준 MDM 솔루션으로 회사의 모든 생산제품 데이터에 대한 단일 실질자료를 빠르고 쉽게 관리하고 모든 정보채널의 올바른 정보(웹 스토어, 웹 사이트, Amazon, eBay, pricelists, 카탈로그, 공급자 포털, 팩트 시트, 소셜 미디어, 뉴스 레터 등)를 최신 상태로 유지한다. Perfion.com 사이트를 참고하라.

요약) 어느 창업자의 스토리

🎯 스페인에서 온 한 창업자는 스탠포드 대학의 하계 기업가 코스에 참가하기 위하여 팔로 알토에 왔다. 그녀는 그곳에서 교수와 학생들을 만났다. 그녀는 컴퓨터 사이언스를 전공한 기숙사 사감을 알게 되었고 그는 다른 스탠포드 학생들을 소개해 주었다. 이들 중에는 기계공학 전공자, 컴퓨터 사이언스 전공자들이 있었다. 한 중국인 학생은 브라운 대학에서 기계공학을 전공했다.

런던에 사는 나의 한 친구는 몇 년 전에 창업을 했는데, 나는 그 회사의 자문역이었다. 그가 그녀에게 나와 이야기 하도록 했다. 나는 그녀를 독일에 있는 다른 창업자에게 소개했는데 그는 덴마크에서 열린 컨퍼런스에서 그녀를 만났다. 독일의 창업자는 그녀를 샌프란시스코에 있는 변호사에게 소개하였고 나는 그녀를 전 벤처 캐피털 담당자에게 소개하였는데, 그는 그녀의 자금유치 자문역이 되었다. 그녀는 수업이 끝나면 거의 매일 더 많은 사람을 만나기 위하여 이벤트나 컨퍼런스에 참가했다. 우리 모두는 중국식 사천요리를 먹기 위하여 외출했다. 스탠포드에서 의학을 공부하는 한 타이 여학생이 함께 했는데, 그녀의 남자 친구가 버클리에서 기계공학을 공부하고 있었다. 그는 창업을 배우고 싶어 했고 그래서 나와 이야기하기 위해 팔로 알토에 왔다. 그는 그녀의 프로젝트에 합류했다. 그녀는 사업계획을 제시해야 했는데 우리는 2시간 만에 만들었다. 그녀의 스탠포드 교수는 그녀를 다국적 기업에 소개했고 그 기업은 그녀의 회사를 매입하는데 관심을 보였다. 스탠포드 대학 과정이 끝났을 때에 그녀는 우리 집에 열흘을 머물면서 실리콘 밸리의 사람들을 만났다. 그녀는 샌프란시스코 변호사 사무실에서 일하며 회사를 만들었다. 9월 초 그녀의 회사가치는 백만 달러가 되었다. 10월 말에는 400만 달러로 올랐다. 그녀는 스페인으로 돌아갔다가 12월에 다시 실리콘 밸리 팔로 알토로 돌아왔다. 우리 집에서 다시 2주를 머물면서 스탠포드대학 교수들은 물론 최고경영자, 벤처 캐피털, 변호사, 창업자 그리고 학생들을 만났다. 그녀는 세계적인 보험회사들을 위한 컨퍼런스에서 피치를 하고 시제품을 선보이기 위해 이듬해 3월에 다시 돌아왔다.

그녀가 특별하냐고? 아니다. 나는 18세 소녀에 의해 시작된 다른 스타트업과도 일해 봤다. 그녀는 1,500만 달러를 모아서 순식간에 1억5,000만 달러의 가치로 만들었다.

02 기업설립팀   *Your Founder Team*

오케이, 지난 장에서 언급한 것들은 약간 재미있는 일들이었다.(근데 주 80시간 이상을 앉아 일하는 것이 재미있을까?)

창업에서 가장 중요한 부분에 대해서 알아보자 : 회사설립 팀. '창업씨앗'을 뿌리는 사람은 2명에서 4명의 핵심인물이다.

공동설립자는 모든 사업전략, 기술, 작업, 펀딩, 재무, 법적 관련 일 등에 포함되어야 한다. 창업자 중 몇 사람은 분야별로 초점을 맞추어 추진해 나가지만 모든 사람이 창업경영을 서로 도와야 한다. 그룹으로 협의를 하고 일치된 결정을 유도해 내야 한다.

당신이 핵심 창업자

당신이 하는 일은 영감을 주고 리드하는 일이다. 주제가 중요한지 아닌지 결정하라. 가능한 한 많이 위임하라. 일반적으로 혼란을 방지하고 급한 불을 먼저 꺼라.

팀에게 제안, 피드백, 그리고 고언을 요청하라. 그러나 리더가 되도록 하라. 당신이 리드하면 팀원들은 따라 올 것이다. 이 말은 당신이 좋은 결정이든, 인기 없는 결정이든, 결정하라는 것이다.

당신이 팀을 구성하고 사람들을 발굴하여 팀을 만들어라. 그들과 인터뷰를 하고 채용하거나 거절해야 한다.

당신은 또 그들에게 동기를 부여해야 한다. 그리고 일을 미루거나 부정적인 것에 대해서도 맞닥뜨려야 한다.

🎯 회사를 널리 알려야 한다. 당신의 창업을 촉진해야 한다는 말이다. 자금조달 시장에서 설명하고 피치 이벤트에 가야하고 모든 사람들과 이야기를 하여야 한다.

🎯 여러 창업자들이 나에게 말해 준 것은 회의를 이끌어야 한다는 점이다. 그렇지 않

으면 공동설립자와 다른 사람들은 그냥 기다린다. 당신 없이도 시작할 수 있도록 그들을 격려하고 준비하도록 하라. 그것이 세계 1위 축구팀 레알 마드리드와 지역 축구팀과의 차이다 : 레알 마드리드에서 선수들은 코치가 나오지 않아도 연습을 한다.

◎ 창업자들은 회사의 모든 부문에 관여하게 되어 있다 : 전략, 팀 리더십, 마케팅, 판매, 다른 회사와의 관계, 계약서 등. 그들 중 많은 사람들이 아직 대학재학 중에 있다. 그래서 아직 교실에서 수업을 들어야 하고 시험을 치른다.

리더와의 문제점들

팀의 문제는 보통 리더의 문제다.
만약 리더가 늦게 출근하고 자주 휴가를 간다면, 그는 바보다. 다른 사람들도 늦게 출근할 것이고 자리를 비우거나 컴퓨터 게임을 할 것이다. 근무기강이 해이해질 것이다. 만약 정기적인 회의에 불참하기 시작하면 사람들은 회의가 중요하지 않다고 생각할 것이다. 만약 논쟁이 너무 길어지면, 리더는 지도를 잘못하거나 일을 어렵게 만드는 사람을 들여놓은 것이다.
일부 스타트업에는 성추행 문제가 발생한다. 남자들이 얼간이 들러리처럼 행동하고 여성개발자를 괴롭히는 경우가 있다. 리더는 반드시 이를 중지시켜야 한다. 그렇지 못하면 통제가 되지 않으며 직원들은 떠날 것이다.

◎ 많은 기업 대표들의 문제는 여러 가지가 있다. 매우 완고한 대표는 자문역이나 전문가의 말을 듣기는 할지 모르지만 그의 원래 고집대로 돌아가 변화를 거부할 것이다. 다른 어려운 타입의 대표는 초점이 흐려지는 경우다. 이야기가 이 아이디어에서 저 아이디어로 비약하면서 결론이 나지 않는 것이다. 어떤 대표는 너무 완벽주의자라서 제품을 시장에 내놓지 못하는 경우가 있는데, 왜냐하면 항상 더 좋은 제품을 만들라고 주장하기 때문이다.
리더는 모범을 보이며 리드해야 한다 : 출근을 가장 먼저 하고 마지막에 퇴근하라. 모든 사람들이 멀리서 일한다면 리더는 반드시 모든 사람과 접촉하며 있어야 한다. 컨퍼런스 콜에는 항상 먼저 나와 있어라. 리더는 모든 미팅에 참석해야 한다.

공동설립자

당신은 둘 혹은 세 사람의 동반자를 가져야 한다. 스타트업은 혼자 해서는 안 된다. 해야 할 일이 너무 많기 때문이다.

최소한 공동설립자 중에는 기술적인 능력이 있는 사람이 있어야 한다. 만약 팀에 관련 기술능력이 있는 사람이 없다면 당신의 팀은 동종산업을 이해하지 못할 것이다. 그리고 기술개발을 위해 비싼 비용을 지불해야 할 것이다. MBA는 기술능력이 아니다. MBA는 회사를 경영하는 것을 배운다. 그것을 기술능력이라 생각하고 시작하지 마라. 포브스에서 조사한 50대 기업에서 MBA 출신 대표는 5명뿐이다. 나머지는 모두 기술계 출신이다.

다른 창업자, 투자자, 고객은 당신의 팀을 주의 깊게 볼 것이다. 좋은 팀이면 함께 갈 것이다. 공동설립자를 선택할 때에는 그 사람의 업적, 경험 그리고 전문성을 보라. 대학 친구니까 선택하지는 마라.

공동설립자가 될 사람을 선정하기 전에 몇 달을 같이 지내보라. 어떤 일을 대가없이 요청하고 열정적으로 일하는지 보라. 만약 돈을 원한다면 공동설립자로 요청하지 마라.

만약 그가 대학원 학생이라면, 무료로 일하고 있는지 또는 회사에서 일하고 있는지, 그의 계약서와 동의서를 볼 필요가 있다. 많은 대학과 거의 모든 회사들이 계약서를 작성할 때에 그 학생이 창안에 해 낸 지적재산권에 대한 모든 권리를 자신들이 가진다는 내용을 담는다. 당신은 이런 제한된 조건을 대학이나 회사로부터 해제해야 한다. 이 조항이 의미하는 것은 당신의 동반설립자가 정규 취업자라면 그는 그 회사의 컴퓨터, 랩탑을 집에서 사용할 수 없다는 뜻이다. 근무시간 중에는 당신의 창업에 관한 일을 할 수 없다. 만약 휴대폰 비용을 고용주가 부담해 준다면 이 또한 사용할 수 없다. 어떤 일이든 회사의 사무기기를 사용하면 그 회사의 소유가 되기 때문이다.

🎯 어느 창업자는 공동설립자가 없다고 했다. 하지만 이번이 그의 다섯 번째 창업이고 훌륭한 이사회와 여섯 명의 자문역이 있다고 했다. 그래서 그의 투자자들은 단독 창업자라는 것에 개의하지 않았다. 만약 이것이 당신의 첫 창업이라면 투자자는 당신의 공동설립자를 알고자 할 것이며 일을 같이 나누어 할 수 있는지 볼 것이다.

공동설립자 찾기

Angel.co에서 기업에 합류하고자 하는 사람을 눈여겨보라. 이 방법은 약간 무작위적이다.

공동설립자를 찾는 최선의 방식은 개인적인 인맥을 이용하는 것이다. 찾아보라 : 자문역, 교수, 학교 동문 등.

공동설립자와의 문제점들

공동설립자는 고양이와 같다. 그들은 매우 스마트하며 그들이 원하는 것일 경우와 그들이 좋다고 생각할 때에만 일한다.

확실히 해야 할 것은 그를 외부로부터 영입하기 전에 반드시 완벽한 약속이 있어야 한다는 점이다. 그가 시작하고 몇 달 뒤에 그만 둔다면 팀이 도덕적 해이에 빠질 것이다. 그리고 당신도 시간의 낭비를 피할 수 없을 것이다. 투자자들도 마찬가지로 왜 그가 떠났는지 의문을 가질 것이다.

또 한 가지 주의할 점은 동반설립자가 그의 많은 친구를 팀으로 끌어들일 때이다. 그들은 그의 편이고 그가 떠나면 그와 함께 떠날 것이다.

공동설립자 문제와 함께 조정할 계획도 있어야 한다. 사업초기에는 모두가 친구다. 그러나 때로는 심각한 의견 차이가 나타날 것이다. 때때로 사람들은 동의하기를 거부하고, 문제가 야기될 수 있다. 모든 사람이 수용할 수 있는 제 3자가 조정할 계획도 가지고 있어야 한다. 이런 조정자로는 선임자문역이나 교수가 좋을 것이다.

🎯 창업이 실패하는 큰 이유는 경영진의 동의를 끌어내지 못하는 무능력이다. 한 창업자의 말에 따르면 한 공동설립자와 같이 첫 창업을 했다. 그리고 곧 회사의 지분을 50/50으로 나누면서 아무런 베스팅 계획을 갖추지 못했다. 회사는 초기에 돈을 벌기 시작했다. 공동설립자 한 사람은 돈의 절반을 가지고 3개월 뒤에 회사를 그만두고 떠났다. 창업자는 그를 되돌아오게 할 수 없었고 9개월 뒤에 회사는 문을 닫았다. 나는 비슷한 사례를 많이 들었다.

🎯 공동설립자는 150% 업무에 관여해야 한다. 주당 60시간의 일이다. 부분적인 참여

를 하는 경우도 있지만 얼마 후에 그들은 팔짱을 끼고 앉아 있고 당신이 모든 것을 리드하도록 할 것이다. 그들은 그들이 들었던 대로 직원으로 일하고 있는 종업원으로서 당신을 볼 것이며 그 이상은 아니다. 몇몇 창업자들은 그들의 첫 창업에 대해서 말하기를 공동설립자들은 몇 달 뒤에 쉽게 업무를 중단한다고 말한다. 여러 사례에서 공동설립자는 관련기술을 갖고 있지 않고 투자자의 친인척이기 때문에 들어온 것이다. 그를 퇴임 시키기 어렵다. 어느 공동설립자는 9개월 동안 아무 것도 하지 않았다. 창업이 시작되었을 때에 해당 팀은 그녀에게 어느 부서의 일도 주지 않았다. 그녀는 소송을 냈고 소송을 막기 위하여 비용을 지불해야 했다.

🎯 빨리 시작하기 위한 열망 때문에 급히 팀을 구성하고 그래서 채용을 잘못하기도 한다. 예를 들면 가까운 친구들과 회사를 함께 시작하는 경우 회사가 부도가 났을 때 그들은 서로 말도 하지 않을 것이다.

🎯 종종 사람들은 스트레스, 돈 부족, 시간 부족 또는 자원 부족에 대해 파트너와 의사소통을 잘 할 수 없다. 공동설립자는 다른 공동설립자들에게 말해야 할 필요가 있는 것들을 말하는 법을 배워야 하고 동시에 다른 공동설립자들의 말을 들을 수 있어야 한다. 이는 책임과 의사결정 분야에서 명확한 우선순위와 목표를 설정하는 데 도움이 된다. 팀은 한 공동설립자를 리더로서 인정하고 리더의 최종 결정을 수락해야 한다는 사실을 받아들여야 한다.

🎯 공동설립자 간의 합의에는 외부 중재 및 분리 조항이 포함되어야 한다.

연속설립자 또는 연속기업가

일부 사람들은 연속적으로 창업자가 되고 싶어 한다. 그것은 마치 어린 아이들이 어른이 되면 다섯 번 결혼하고 싶다는 말과 같다. 아마도 트럼프 대학이 있다면 거기서 배울 수 있을 것이다.

다시 말하건 데 돈만 밝히는 사람을 추가하지 마라.

🎯 여기에는 마케팅 및 판매 직원이 포함된다. 내가 만난 창업자는 마케팅 하는 사람과 논의를 했는데, 그는 마케팅을 담당하고 40%를 요구하였다. 그것은 웃기는 요청이고 그런 요청을 하는 사람이 있다면 그가 하는 일이 무엇인지 모르는 사람이다. 이런 것은 투자자를 멀리 쫓아 내는 일이 될 것이다.

자문역

여러 자문역은 꼭 있어야 한다.

자문역은 최소한 세 번의 창업을 경험해본 사람을 찾아라. 그들은 10년 정도의 경험을 가지고 있을 것이며, 10년은 당신보다 앞서 있을 것이기 때문이다.

그들의 경험에서 답을 찾아라. 즉 왜 실패했는지? 무엇을 배웠는지?

그들은 어떻게 하면 작고 저렴하면서, 그리고 빨리 할 수 있는지를 보여주어 당신의 시간과 돈을 절약해 줄 것이다. 모든 결정은 당신의 자문역에 의해서 검토되어야 하며, 결정을 하기 위해 그들의 의견을 들어라.

자문역들은 중립적이어야 하며 그들의 이해가 상충되어서는 안 된다. 그들이 공급자에게 연결해주는 대가로 추천 수수료를 챙겨서는 아니 된다

자문역들은 당신에게 그들의 네트워크를 통하여 공동설립자를 구할 수 있게 하거나 계약자, 보조 일, 변호사, 자금유치 그리고 고객들을 소개한다.

자문역과 같은 사람들을 잘 대해야 한다. 그들이 모두 기업운영 방식을 어떻게 할 것인지 조언해 줄 것이다. 당신은 많은 종류의 자문을 받을 수 있다.

- 고위자문관 : 고위자문관은 전반적인 전략에 깊이 관여하고 있으며 다양한 주제에 대한 전문가이다. 그는 급여, 투자, 주식 분배 등에 대해 조언하고 공동설립자와 거의 같은 실무자일 수 있다.

- 기술자문관 : 그들은 운영, 법률, 금융, 자금지원, SEO(검색엔진 최적화), 디지털 마케팅, 사회 마케팅, 판매 등과 같은 분야의 전문가이다. 5~6명의 기술자문관이 될 수 있다.

- 유명인사 : 덕망 있는 프로파일을 가진 사람들을 자문관으로 올리는 것은 좋은 일이다. 하지만 그들과 자주 이야기하기는 어렵다. 예를 든다면 빌 게이츠나 마크 저크버그 같은 사람을 자문관으로 영입하기 어려울 것이다.

자문역에게는 주식을 줄 수 있으며 이는 회사에 대한 기여도에 따라 해야 할 것이다. 그 금액은 창업자의 결정에 따른 것이며, 이 주제의 법적인 문제에 대해서는 나중에 논의하기로 하자.

🎯 주식의 배정 수는 회사의 설립단계에 따라 다르며, 첫 3개월에서 6개월은 많은 일을 해야 하기 때문에 좀 더 배려해야 한다. 1년이 지나고 그 이후에 합류한 자문관은 기여도가 낮으니 적게 줄 수 있다.

🎯 창업자 중에 몇 분은 사업을 4대 째 하고 있다. 이는 사업전문가로 자유롭게 의견을 나눌 수 있는 사업전문가들과 폭 넓은 교류를 할 수 있는 길을 열어준다. 대가족으로서 삼촌, 숙모, 그리고 친척들에게 조언을 구하라.

🎯 또 다른 창업자는 말하기를, 공식적인 자문역은 몇 사람이지만 비공식 자문역은 15명이나 된다고 했다. 15명의 자문역과 정기적으로 만나며 찾아가거나 찾아오기도 하여 오찬이나 저녁을 같이한다. 이들은 같은 분야에 사업을 하는 회사의 대표들이다. 그들은 그들 회사의 물류를 담당하는 사람들과 물류채널 협상에 대한 정보를 나누고 공유한다. 그들은 또 회사의 출구전략에 대해서도 논의한다. 기업의 합병을 통하여 높은 가치를 창출할 수 있는 큰 자산을 만들 수 있을 것이다.

🎯 한 창업자는 30명의 자문역을 가지고 있다. 이는 직원을 구하고 계약을 하며 펀딩을 하는 데 광범위한 네트워크를 만들어내었다. 회사가 필요한 모든 자금을 조달하였으며 벤처 캐피털을 찾아갈 이유가 없었다.
아, 그리고 빌 게이츠에게 물어보지도 않고 자문단에 그의 이름을 올리지 마라.

직원을 고용하는 방법

직원을 채용하는 목적은 일을 통하여 창업자를 도와주는 것이다.
그러나 창업 씨앗심기 단계에서는 직원채용을 삼가야 한다. 이 단계에서 해야 할 일은 제품을 개발하고 고객과 함께 일하는 것이다. 이러한 일은 당신 스스로 해야 한다.

만약 직원을 채용하면 또 다른 문제들을 만든다. 그들을 교육시켜야 하고, 무엇을 해야 하는지 알려주어야 하며, 그들이 잘 할 수 있도록 관리해야 한다. 그들이 그 일을 제대로 하지 못하면 그들을 평가하고 해고해야 한다. 휴가와 병가, 생일 등에 대해서도 생각해 볼 일이다. 매 2주마다 급여를 지급해야 하는 데 따른 자금스케줄도 챙겨야 한다. 아시다시피 당신이 지켜보고 있다고 물이 끓지 않을 것인가? 직원들은 이와 반대다. 당신이 관리하지 않으면 직원들은 일하지 않을 것이다. 그들은 웹에서 농지거리나 하고 카카오 톡을 하며 몰래 뒷문으로 나가서 놀기 시작할 것이다.

직원이 20~30명에 이르면 HR 담당자를 고용해야 한다. 직원이 직원을 보살피는 일이 된다.

바로 에어론 체어스(Aeron chairs)처럼, 많은 직원들은 나쁜 경영의 징후이며 초점이 흐려지는 일이다. 대표는 많은 직원을 채용해 뭔가 크게 보이게 하려 한다.

대부분의 창업 씨앗심기 단계에서는 채용을 결코 하지 않아야 한다. 직원은 창업자들과 자문역, 그리고 소수의 계약자들이면 된다.

🎯 한 친구는 실리콘 밸리에서 잘 알려진 유명한 친구가 설립한 창업회사에 일했는데, 이 회사는 1억2,500만 달러 자금유치를 하고 직원 300명을 고용했다. 그러나 실행 가능한 모델을 결코 개발하지 못했고 서커스는 2년간 지속되었으나 실패했다.

계약자들 고용하기

프로젝트나 기간에 따라 계약자들을 고용할 수 있다. 프로젝트에 따라 일정한 금액을 지급한다든지, 2주 안에 인도되어야 할 건별 금액을 정해서 계약을 하면 비용을 관리할 수 있다.

예를 들어 한 시간에 X달러처럼, 돈을 시간단위로 지급하지 말라. 창업은 지속적으로 진전되기 때문에 작은 프로젝트일지라도 수백 시간이 걸릴 수 있다. 그러면 매우 비싸지게 될 것이다.

공동설립자와 자문역에게 제안을 요청하라. 직원을 채용전문회사나 무료채용광고사, Craigslist(온라인 벼룩시장)로부터 직원을 채용하지 마라. 왜냐면 그들이 일을 제대로 할 수 있을지 모르기 때문이다. 제대로 일하지 않으면 시간과 돈만 잃게 될 것이다.

처음 단기간 프로젝트에서는 계약자를 고용하여 그가 어떻게 수행하는지 보라. 어떻게 일을 수행하고, 어떻게 제출하며, 어떻게 팀원들과 상호 협력하는지 보라. 어떻게 일했는지도 설명하게 하라.

최선의 실리콘 밸리 계약자는 추천을 받아 일하고 특정한 일부 고객들과만 일한다. 그들이 모르는 고객이나 친구의 친구가 아닌 사람과는 일하지 않는다. 그들은 10년 이상을 일한 사람들이며 다른 사람이 2~3주 걸릴 일들을 몇 시간 안에 처리한다.

인턴

인턴은 필요치 않다. 초기 단계의 창업에서는 직원을 훈련하고 관리할 시간이 없다.

친구와 가족

스타트업은 창업자만 있는 것이 아니다. 친구, 가족, 여자 친구, 남자 친구 등 스타트업 주변에는 동료그룹이 있다. 여기에는 급우, 잠재 투자자, 잠재 고객 등 당신이 만나는 모든 사람이 포함된다. 모든 연락처가 포함된 스프레드 시트(이름, 이메일, 연락처 등)를 유지하라.

뉴스레터를 매월 보내서 무엇을 하고 있는지 알게 하라. 파티에 초청하고 신제품 발표회나 장기자랑대회 등도 좋을 것이다. 그들은 아마도 당신의 프로젝트에 대해서도 이야기 할 것이다.

이러한 것들이 트위터가 시작된 연유다. 개발자들은 이를 내부적인 소통을 위해 활용했지만 그들의 여자 친구들은 이를 샌프란시스코 파티나 나이트클럽에 대해 서로 이야기하기 위하여 사용하기 시작했다.

개, 고양이, 새 그리고 문어에 대하여

실리콘 밸리에서 또 다른 특이한 것 중 하나는 화상 컨퍼런스 콜이다 : 컨퍼런스콜에서 동물을 볼 수 있는 것은 매우 흔한 일이다. 나는 개, 고양이, 햄스터, 그리고 흰 족제비도 보았다. 새를 어깨에 한두 마리 올려놓고 전화하는 사람도 있다.

나는 문어를 좋아하는 사람이 창업한 회사에서 일한 적이 있다. 문어는 색깔을 바꿀 수 있고 배경색으로 변해 사라지기도 한다. 리셉션니스트에 따르면 (문어는) 방문객이 좋은 사람이면 수조의 앞쪽을 헤엄쳐 다니고 만약 믿을 수 없는 사람이면 사라진다고 했다. 회사는 문어를 이용하여 사람을 뽑는 일을 하기 시작했다고 한다.

내부적인 소통

스타트업은 너무 빠른 속도로 변해서 일주일에 여러 번 업무방향을 바꾸기도 한다. 이 말은 팀 구성원은 늘 연락 가능한 상태여야 한다는 뜻이다.
스타트업이 매우 빠르게 변화하는 것은 매우 정상이다. 나는 일주일에 세 번이나 방향을 바꾸는 회사에서 일한 적이 있다.
- 창업 씨앗심기 단계에서는 팀원들은 하루에 몇 번이라도 만나야 한다.
- 매주 내부 뉴스레터를 통해 예상되는 일과 현재 진행 중인 것을 요약하여 모든 멤버들에게 보내라. 이메일이나 슬랙으로 보내도 된다. 팀원 간에는 모든 것을 상의하라 : 잠재적인 창업자, 고객 등. 이 중에는 누군가 관련 직원과 회사를 알 수도 있다.

🐙 창업자들은 회사가 소규모일 때 모든 일을 하나의 그룹에 의해서 실행한다고 입을 모은다. 모든 멤버들은 모든 내용을 알고 있고 모든 일은 그룹토론을 통해서 이뤄진다.

🐙 어떤 창업자는 공동설립자가 창업 아이디어에 대하여 이해하지 못하고 있다는 것을 알게 되었다. 각자는 개별 모임에 가서 그 프로젝트에 대해서 설명하기를 요청하라. 이것을 반복해서 모든 사람이 무엇을 하고 있는지 동의할 때까지 계속하라. 회사의 조직도가 필요할 때에는 더 이상 창업단계가 아니다.
소통에 대한 중요한 포인트는 당신이 그것이 무엇인지를 모두가 이해한다는 확신이 서야 한다. 대학에서는 학구적으로 말하고 쓰는 것을 가르친다. 그러나 많은 학생들은 거의 이해하지 못한다. 나는 가끔 미팅에서 임원이 프레젠테이션 하는데 참석한다. 그런 후에 미국팀이 아닌 팀에 그것에 대해 물으면 그가 무엇을 말하고자 했는지 진실로 모르고 있다고 말한다. 단순하고 쉬운 영어로 하는 것이 훨씬 나은 것이다.

다른 것도 해보라

잠시 일을 떠나 다른 것을 해보라. 당신의 창업정신(startuppyness)을 유지하는 것은 좋은 생각이다. 나는 여러 창업과정에서 하이킹, 카누, 하얀 물보라를 일으키는 래프팅, 해변에서의 승마를 했으며 놀이공원에 가고, 크리켓을 하고, 영화를 보고, 하와이에 갔다.

저녁식사 후에 캠프파이어에 둘러서서 목표, 방향, 문제와 아이디어에 대해 이야기하기를 원하는지 보라. 혹은 아닌지도 봐야 한다.

공동설립자로 부적절한 사람

스타트업에 부적절한 사람이 있다.

- 학생 : 그들은 학업에 바쁘다. 졸업하면 취업을 해야 하고 그들 부모들은 자식이 취업하길 독촉할 것이기 때문이다.
- 전 대기업 임원, 전직 공무원, 그리고 군 출신은 고용하지 마라. 그들은 큰 조직에서 3년 이상 일한 훌륭한 사람들이지만 창업에는 적합하지 않다. 그들은 틀에 박힌 환경에서 일하는 것이 익숙해져 있어서 창업세계의 끊임없는 무질서한 상황에 적합하지 않다. 그들이 오면 조직화하기를 원할 것이다. 조직은 필요하지 않다. 당신의 고객과 함께 제품을 개발하는 것이 필요할 뿐이다.
- 경영학 석사는 대기업의 경영에 적합한 방법을 적용하려고 할 것이다. 그런 게 필요하지 않다.
- 배우자, 형제자매, 친한 친구들 : 이들은 모두 관리가 힘들고 해고도 어렵다. 모든 사람들이 소외감을 느낄 것이다. 때로는 잘 되겠지만 일반적으로 잘 되지 않는다.

창업경험이 있는 사람을 찾아라.

비자와 외국인 문제

외국인들은 미국에서 일하기 위하여 3개월 또는 6개월짜리 B1/B2 비자를 받을 수 있다. 어느 나라에 있는지에 따라 당해 국가소재 미국 대사관에 상의하라.

정밀심사

반드시 창업에 중요한 사람들에 대한 정밀심사(due diligence)를 거쳐야 한다. 창업에서 매우 중요한 일로 그들이 진짜 누구인지 알아내는 것이다. 많은 사람들이 직업을 구하는데 간절하기 때문에 가짜 이력서가 광범위하게 퍼지고 있다. 창업자는 물론 자문역, 계약자들도 확인해야 한다.

어떤 사람이 MIT에서 컴퓨터공학과를 졸업했다고 하면, 실제 졸업을 했는지, 컴퓨터공학을 전공했는지, 그리고 졸업했는지 알아보아야 한다.

자금조달을 다루는 장에서 좀 더 많은 실사에 대한 설명이 있을 것이다.

해고

창업에서는 팀에서 공헌도가 없는 사람과 같이 하기 어렵다.

- 부정적인 사람을 해고하라. 그들은 프로젝트, 리더와 팀을 비난한다. 그것은 조직을 파괴하고 도덕성을 깎아 내린다.
- 주어진 100%만 일하는 사람을 해고하라. 100%를 넘어 그 이상을 하는 사람이 필요하다.
- 필요 없는 사람들을 해고하라. 그들은 비용과 시간 낭비를 늘린다. 당신은 가능한 최소한의 비용을 유지해야 한다.
- 할 일을 미루는 게으름뱅이를 해고하라. 그런 사람들은 경쟁사로 보내라.

흔히 범하는 실수는 그들이 개선될 것이라는 희망을 갖는 것이다. 그들이 그런 방식으로 해서는 아무 일도 일어나지 않는다. 상황은 더 어렵게 된다. 이런 사람들은 즉각 퇴출해야 한다.

🎯 거의 모든 창업자들이 동의하는 것은 해고가 어렵다는 것이다. 그러나 자금이 바닥났을 때에 일 잘하는 사람을 해고하는 일은 어렵다. 직원이 해고되면 전체 팀원에게 영향을 미친다. 떠난 사람의 일은 다른 사람이 맡지만 남은 사람들은 그들도 해고될지 모른다는 생각에 다른 스타트업을 찾기 시작할 것이다.

창업자의 스타트업

창업자들에 의한 스타트업 사례들 :

- Maruf Yusupov, 공동설립자. Cloudy는 회사가 낮은 비용으로 높은이메일 클릭율(오픈율) 이루도록 도와준다. 투자자를 찾고 있으니 관심 있으면 www.cloudy.email을 방문하기 바란다.
- Sara Green Brodersen, 창업자 & CEO. 우리의 비전은 사용자가 플랫폼 전반에 걸쳐 전체 온라인 평판을 얻고 플랫폼이 활동을 증가시키도록 함으로써 공유경제에 대한 신뢰를 구축하는 것이다. 덴마크 코펜하겐 소재에 소재하는 회사로 자금을 구하고 있다. Deemly.co 및 Deemly.co/business를 참조 바란다.

요약 : 팀

중요한 것은 팀이다. 좋은 아이디어를 가지고 있어도 엉터리 팀은 실패한다. 훌륭한 팀은 어떤 아이디어를 가지고도 성공한다.

어느 벤처 캐피털은 다섯 가지를 중요시한다. 다섯 손가락으로 셀 수 있다 : 팀, 팀, 팀, 팀, 그리고 아이디어.

어쨌든 여기서 아이디어에 대한 일반적인 질문에 답하고자 한다. 많은 사람들은 당신이 아이디어에 대하여 공개적으로 말한다면, 어떤 사람이 이를 훔칠 것이라고 이야기한다. 그러나 당신의 아이디어로 누군가 뭔가를 하려면 그들은 그것에 대한 강한 믿음이 있어야 하고 그것을 구현할 팀을 구성해야 한다. 그것은 어려운 일이다. 해서 아이디어 자체는 별로 가치가 없다. 팀이 가치를 만든다.

03 기업 만들기
Your Founder Team

어떻게 팀을 만드는지 설명하였으니 이제는 어떻게 스타트업을 만드는지 알아보도록 하자. 하지만 이에 너무 집중할 일은 아니다. 초점은 팀과 제품의 개발이지 회사의 설립 등 잡다한 것이 아니다.

집에서 일하거나 일터에서 일하거나
지난 몇 년 동안 집에서 창업을 하는 것은 흔한 일이었다. 사무실 임대료를 지불할 필요가 없었다. 창업이란 게 몇몇 가까운 친구들이 모여서 하는 것이었으므로 집에서도 할 수 있는 일이었다.

이는 매월 경비를 줄여주었다. 구글은 여러 해 동안 차고에서 일했다. 페이스북은 나의 집에서 몇 구획 떨어진 집에서 시작했다. 내가 인터뷰한 대부분의 창업자들은 집이나 아파트에서 창업했다.

집에서부터 일을 시작한다면 당신의 창업은 디지털방식이 될 것이다. 이 말은 웹 사이트, 이메일, 그리고 디지털 도구인 구글 스위트 세트를 말한다. 지금 당신이 핀란드에 있다고 해도 문제될 게 없다. 당신의 팀은 세계 어디에 있든지 모두 온라인으로 일할 수 있다.

당신은 물론 팔로 알토에 있을 수 있다. 투자자와 고객이 당신이 실리콘 밸리에 있다면 더욱 진지하게 대할 것이다. 개발팀이 핀란드에 있을 수 있으며 설립팀은 몇 개월마다 실리콘 밸리로 올 수 있다. 팔로 알토에 사업주소를 낼 수 있고 playce.io와 협의할 수 있다.

인큐베이터, 액셀러레이터, 그리고 코워킹 스페이스
인큐베이터, 액셀러레이터와 코워킹 스페이스(공동사무실)는 무엇이 다른가? 차이를 설명하기는 어렵다. 그들은 끝없이 그 기능이 변화하고 있기 때문이다.

- 액셀러레이터 : 당신의 아이디어를 실행 가능한 창업으로 2~3개월 내에 전환할 수 있도록 도와주는 사람들이다. 액셀러레이터는 발행주식의 5~7% 주식을 얻고 당신에게는 주식 대금으로 돈을 준다. 프로그램의 마지막에는 피치 이벤트가 있다.
- 인큐베이터 : 창업을 1~2년 동안 성장하도록 도와주는 일을 한다. 보통 당신에게 돈을 주지 않는다. 창업자 당 매월 1,000달러 요금을 요구하며 일부 사람들은 주식으로 대체한다.
- 코워킹 스페이스 : 이들은 당신에게 일할 공간과 집기를 사용할 수 있게 해준다. 책걸상, 와이파이, 복사기, 프린터, 회의실 등이다. 또한 커피와 스낵, 회전당구대, 풀테이블(당구), 그리고 샤워장을 제공한다. 팔로 알토에 있는 한 기업은 생맥주를 무료로 제공한다. 자리에 따라 보통 월 100~500달러를 내야 한다.

위 3가지 모두 모든 사무실 기반시설이 준비되어 있다. 리셉셔니스트, 회의실, 화이트보드, 미팅 룸, 복사기와 프린터, 커피 그리고 주방공간이 갖추어져 있다

이들은 모두 멘토와 많은 인맥을 가진 자문단을 구성한다. 또한 프로그램을 통하여 만난 사람들과 포럼을 가진다.

두 달의 프로그램 끝에는 데모 데이(demonstration day)가 있는데 대부분이 투자자인 청중 앞에서 피치를 한다. 많은 벤처 캐피털들은 스카우터를 보내 좋은 투자 상대를 찾는다. 이 행사는 자금을 유치할 수 있는 큰 기회이다.

여기 몇 액셀러레이터가 있다. : Y-Combinator, Founders Space, IgniteXL, RocketSpace(SF), TechStars, AngelPad(SF), The Alchemist(Santa Clara), Impact Hub, Plug and Play, and Galvanize.

- Y-Combinator(YC)는 년 2회 3개월 과정 프로그램을 운영하고 있다(1~3월과 6~8월). 각 과정은 3개월 동안 매주 하루 코스이며 Mountain View에서 시행한다. 1만3,000개 이상의 창업 준비자들이 지원하며 1.8% 정도인 240명이 합격한다(스탠포드에 들어가는 것이 더 쉬울 수 있다). 그들은 12만 달러를 투자하는 대신에 7% 지분을 받고 2만5,000 달러의 수수료를 청구한다. 그들은 웹과 모바일

에 초점을 맞추지만 다른 분야도 가능하다. 1,300개 창업지원자가 이 과정을 이수하였으며 설명회(데모 데이)에는 청중석에 600명의 투자자들이 참석하고 온라인에서 2500명이 참가한다. 더 많은 정보를 알고 싶다면 이 사이트를 보라. goo.gl/n6juKf

- Founders Space(FS)는 집중적으로 월요일에서 금요일까지 아침 9시에서 오후 5시까지 2주간에 걸쳐서 샌프란시스코에서 열린다. 그들의 동창회를 통하여 자문역, 멘토 그리고 창업자를 1년 동안 만날 수 있는 기회를 가질 수 있다. 그들은 3.5%의 주식지분을 갖고 관심 있는 창업자에게 투자를 한다. 창업자는 참가자에게 수수료를 지급하는데 만약 지정 수수료보다 많이 지급하면 FS 지분은 낮아진다. 지분이나 투자 유치는 창업자에 달려 있으며 협의 조정할 수 있다. Forbes는 이 회사를 외국인 창업분야에서 1위로 선정했다. 아마도 창업자의 60%가 외국인이기 때문일 것이라 생각된다. 정부가 가끔은 수수료를 내기도 한다. FoundersSpace.com 참조.
- 500 Startups에서는 4개월 과정 프로그램을 운영한다. 당신의 창업에 15만 달러를 투자하고 대신에 당신은 6%의 지분과 3만7,500 달러의 참가비를 부담해야 한다. 2016년 말에 이 회사는 더 이상 액셀러레이터가 아니라고 말했다. 그들은 초기 창업단계 창업자에 초점을 맞출 것이다.

액셀러레이터들을 비교해 보자. YC와 500Startups의 목표는 미국의 자금조달을 위한 투자 기회를 창출하는 것이다. 이는 회사를 미국에서 설립하고 경영도 미국에서 이루어져 총괄해야 함을 의미한다. 반대로 FS는 팀에게 스타트업을 창업하는 방법을 교육하여 다른 국가에서 설립하는 것도 할 수 있다.

YC와 FS는 각각 1,300개의 창업자를 초청하였다. 그리고 참가신청자 대비 수락된 것은 YC가 1.8%, 그리고 FS가 5%로, 낮은 편이다. 많은 지원자들의 제안이 빈약했기 때문이다. 좋은 프로젝트라면 진입할 수 있는 기회가 될 것이다.

전 세계에는 약 500개의 액셀러레이터가 있고 150개의 인큐베이터, 그리고 실리콘밸리에도 상당한 액셀러레이터가 있다.

액셀러레이터와 인큐베이터를 찾으려면 국립 비즈니스 인큐베이터협회(NBIA.org)

나 글로벌 액셀러레이터 네트워크(GAN.co)를 활용하면 된다. NBIA에는 세계 지역 협회 리스트가 있으니 goo.gl/DB1WZM을 참고하라. 마찬가지로 Angel.co와 Seed-DB.com도 참고하기 바란다.

산업별 액셀러레이터와 인큐베이터가 있다. 핀테크(금융기술)를 포함하여 의료, 농업, 바이오텍, 은행, 호텔, 음악, 항공, IoT, 모바일, 자동차, 보험, 식품, 부동산 등이다. 건강, 교육, 비주류 그룹을 위한 비영리 액셀러레이터도 있다. 미국은 물론 중동 등 세계 모든 대륙에 걸쳐 있다.

🌱 만약 당신의 목표가 당신의 제품(혹은 스타트업)이나 서비스를 판매하는 것이라면 해당산업의 액셀러레이터를 찾아라. 예를 들어 항공사에 관련된 것이라면 항공전문 액셀러레이터와 협력해야 한다.

그래야 경험, 인맥, 그리고 항공산업에 가시성 있는 사람들과 교류할 수 있을 것이다. 그것이 일반 액셀러레이터를 만나는 것보다 낫다.

액셀러레이터는 실리콘 밸리의 벤처 캐피털에 막대한 영향력을 가지고 있다. 1995년에서 2005년 사이 아주 소수의 벤처 캐피털은 벤처 펀딩의 큰 지배 하에 있었다. 그러나 벤처 캐피털이 더 많은 자금을 확보하게 되자 더 큰 성공을 거두어야 하기 때문에 사다리를 타고 큰 규모가 될 수 있는 스타트업에만 집중하기 시작했다.

YC는 2005년에 첫 액셀러레이터가 되었다. 처음에 벤처 캐피털들은 사람들이 톱 벤처 캐피털들로부터 펀딩을 원하기 때문에 (액셀러레이터가) 잘 되지 않을 것이라고 말했다. YC는 창업 씨앗단계에 중점을 두었다. 특히 작은 금액, 약 10만 달러 상당의 투자지만 많은 지원을 하기로 했다. 초기 단계의 창업자를 육성하면서, YC는 초기단계의 창업자를 확보하여 중간단계와 최종단계의 창업으로 키워나갔다. 이것이 벤처 캐피털 업계에서 YC가 힘을 얻게 하였다. 벤처 캐피털이 투자를 원하면, 그들은 YC와 좋은 비즈니스 관계를 유지해야 했다.

만약 벤처 캐피털이 어려웠다면(고소를 한다든지, 까다로운 조건을 제시하든지, 바보 취급을 하든지) YC는 창업자들을 그들로부터 멀어지게 했을 것이다.

창업자들에게 인기를 끌게 하기 위해서 벤처 캐피털들은 서비스를 추가하고 멘토링, 조언, 재무전략, 채용지원 등을 강화했다. 그들은 지금 액셀러레이터와 인큐베이터에게 투자하며 최종단계에서는 창업자들이 그들에게 올 것이라는 희망을 갖고 있다. 2015년까지 170개의 액셀러레이터가 있었다. 액셀러레이터 모델은 진화하고 있다. 500Startups, FS와 YC 등은 글로벌화 되기를 원하고 있다. 그들은 창업자, 투자자, 그리고 다른 관련 사람들로 세계적 네트워크를 조직하고 있다.

◎ 나는 YC, FS와 같이 했던 창업자들과 이야길 나눈 적이 있다. 그들의 가치는 전문가, 투자자, 탤런트와 고객이 연결되어 있다는 점이다. 이 프로그램은 처음으로 시작하는 창업자들에게 좋은 아이디어다. 프로그램을 마친 사람들을 찾아 의논해보라. 액셀러레이터 임원들과 자문역들과 소개를 받도록 하라.

◎ 한 창업자는 엑셀러레이타와 인큐베이터의 존재가 그녀를 다른 팀과 이야기를 나누게 하고 이런 과정을 통해서 그녀를 더 키워주었다고 고백했다. 그녀가 진정으로 원했던 것이 무엇인지 다시 생각하고 비전을 분명히 했다. 또 다른 창업자는 실리콘 밸리에서 경험 있는 액셀러레이터가 프로젝트의 모든 것을 변화시켰다고 한다. 그 액셀러레이터는 실리콘 밸리의 환경 속에서 다른 창업자, 자문역, 그리고 창업자들에게 어울려 다른 투자자들과 접촉할 수 있게 하였다. 그들은 투자자들과 어떻게 이야기를 하는지 어떻게 투자를 받는 지에 대하여 보여주었다.

◎ 단점이라면 액셀러레이터와 인큐베이터는 가끔 너무 많은 정보, 이벤트, 사회적 활동, 파티 등을 제안하여, 당신의 프로젝트를 추진하는 데 멀리하게 만든다는 점이다.

◎ 창업자들의 의견은 정보를 얻고 이런 프로그램을 통하여 인맥을 얻는 데 주도적이어야 한다고 한다. 모든 것은 당신이 현장에서 배워야 하고 인맥을 만드는 것은 당신에게 달렸다.

◎ 여러 창업자들은 그들의 집에서 일할 수 있는 공간이 너무 작아서 팀이 집에서 일하기 어렵기 때문에 공동사무실(코워킹 스페이스)을 이용했다. 공동사무실은 거의 대동소이하기 때문에 가장 싼 곳을 주변에서 찾을 수 있다고 한다. 공동사무실에서는 가

끔 이벤트도 있다. 회원이 아니면 10달러를 내면 된다.

엑셀러레이터나 인큐베이터에 의해 선택된다는 것은 초기 단계에서 도움을 받을 수 있다는 검증을 받았다는 증거이다. 그러나 액셀러레이터와 인큐베이터로부터 제안이 거절되었다고 해서 당신의 아이디어가 나쁘다는 의미는 아니다. 그들은 인기 있는 주제를 선호한다. 또한 앱이나 작고 빨리 개발 솔루션을 찾을 수 있는 것들을 좋아한다. 만약 인프라 플랫폼(기반설비 플랫폼)을 구성하는데 개발에 2~3년이 걸린다면 액셀러레이터와 인큐베이터들은 참여하지 않을 것이다.

다른 지역에서 온 액셀러레이터와 인큐베이터는 일반적으로 경험과 인맥이 부족한 편이다. 당신의 거주지에 있는 액셀러레이터와 인큐베이터를 찾아보라. 그리고 실리콘 밸리로 오는 것이 더 나은 것인지 숙고해야 한다.

액셀러레이터를 단순히 가입만하기 위하여 찾지 마라. 같은 지역과 같은 산업분야에서 액셀러레이터를 구하라. 만약 미국정부와 일하기를 원한다면 워싱턴 DC에 있는 액셀러레이터에게 가라. 실리콘 밸리에서 창업을 한다면 워싱턴 DC에 가서는 안 된다.

나의 제안은 무엇이냐고? 좋은 자문역과 시장에 인맥이 있는 장소를 찾아라. 당신을 위해 일해 줄 사람을 찾아라.

🎯 한 창립자는 많은 창업보육센터와 액셀러레이터에 신청하여 모든 사람들에게 널리 알려졌다고 말했다. 팀은 나중에 그 아이디어가 효과가 없을 것이라는 징후임을 깨달았다.

실리콘 밸리에 있는 대학들

다른 아이디어는 스탠포드대학이나 버클리대학에 가거나 실리콘 밸리에 있는 다른 대학에 가보는 것이다.

매년 스탠포드대학에서는 실리콘 밸리혁신아카데미(SVIA)가 열린다. 이는 스탠포드 대학 교수들의 8주 창업코스인데, 학비는 8,000달러이다. 세계 여러 나라에서 100명의 학생이 입학한다. 스탠포드 학생들과 기숙사에서 지내며 이 기회를 통하여 교수는 물론 학생과 창업을 위한 학생들, 스타트업 그룹과 만나게 된다. 스탠포드 대학생들을 위한 엔젤 투자자도 만날 수 있다.

UC 버클리대학은 버클리 방식의 기업가정신 부트캠프(BMoE)를 운영한다. 1주간의 집중적인 워크숍이다. 스탠포드와 마찬가지로 실리콘 밸리의 다양한 사람들을 만날 수 있다.

이 대학교들에는 액셀러레이터들이 있다. UC 버클리 공과대학에는 시트리스 재단 (Citris Foundry)이 있다. 그들은 공학과 바이오텍 창업에 대한 연구를 한다. 이 재단은 적은 금액이지만 개발자금으로 5,000~10,000달러를 지급하고 2% 지분을 갖는다. 이를 통하여 교수, 학부학생, 대학원생, 그리고 동창회와 인맥을 만들 수 있다. 당신의 멤버중의 한 사람은 버클리 출신이어야 한다. 시트리스 재단은 자체 투자펀드인 Blue Bear Ventures를 설립 중이다.

Stanford는 Stanford 학생을 위한 액셀러레이터인 StartX를 보유하고 있다. 그들은 또한 그들 자신의 투자기금을 가지고 있다. 팀 구성원 중 한 명이 스탠포드에 속해야 한다.

INSEEC SF는 버클리의 시트리스 재단과 협력한다. MIT, 하버드 등을 위한 액셀러레이터들이 있다.

왜 실리콘 밸리에 설립해야 하나?

한 창업자는 실리콘 밸리에 대하여 다음과 같이 말했다. : 왜 등반가들은 에베레스트에 오르나? 내가 등산을 하고 싶으면 실리콘 밸리 주변의 언덕을 올라라. 그러나 최고의 등반가가 되고자 한다면 에베레스트 산을 올라라.

헐리우드를 생각하라. 만약 그냥 평범한 영화에 나오고 싶으면 베를린 지역 영화에 출연할 수 있다. 하지만 세계적인 슈퍼스타가 되고 싶으면 헐리우드로 가라. 한국 속담에 "말은 제주도로, 사람은 서울로 보내라"라는 말이 있다. 호랑이를 잡으려면 호랑이 굴에 들어가야 한다는 말과도 같다. 이제 스타트업을 하려면 실리콘 밸리로 가야 할 때이다.

마찬가지로 컴퓨터와 웹에서 세계 최고가 되고 싶으면 실리콘 밸리로 가라.

이런 연유로 저크버그는 하버드를 떠나 실리콘 밸리 팔로 알토로 왔다. 진심으로 원하면 큰 게임에 한판 붙어보라. 얼마나 시간이 걸릴지 모르지만 무엇이든 해 보라.

당신이 실리콘 밸리에 있지 않다면

당신이 실리콘 밸리에 살 필요는 없다. 20명의 개발자는 프랑스에 둘 수 있다. 세 사람의 공동설립자는 실리콘 밸리에 와서 1년에 여러 번 회의를 하고 돌아갈 수 있다. 당신이 거주하는 나라와 실리콘 밸리 간의 스카이프를 통하여 추가로 회의를 할 수 있다. 할 수 있다면 팔로 알토에 주소를 얻어라. 이는 당신의 회사가 팔로 알토에 있다는 것만으로 보기에 좋다는 뜻이다. 참고로 Place.io를 방문하라.

다른 나라 다른 도시에 있다면, 가장 큰 문제는 주변에 창업에 대한 경험이 있는 사람이 없는 것이다.

대부분의 변호사들은 당신이 마치 큰 회사들인 것처럼 법적 서비스를 할 것이고 당신은 불필요한 많은 법적인 수수료를 내야 할 것이다. 그들은 또한 창업에 대한 법을 잘 모르고 있다.

회계사와 재무 설계사들은 큰 회사를 위한 재무구조를 만들어 낼 것이다. 당신은 필요하지 않은 것에도 비용을 지불해야 할 것이다.

변호사도 재무담당도 당신이 창업한 회사의 출구를 어떻게 찾을지 모른다.

대부분의 나라에서 사람들은 삶과 일에 대하여 검소한 기대를 갖고 있다. 그들은 기업을 설립할 것을 상상하지 않으며 더구나 20대에는 그렇지 않다. 그들은 아마도 너무 높이 올라가지 말라고 할 것이다.

그들은 또한 왜 사람들이 주당 60시간 혹은 80시간을 일해야 하는지를 모른다. 그들에게는 불합리하기 때문이다. 사람들은 주당 40시간 일하고 년 6주간의 휴가를 얻으면 행복하다고 생각한다.

당신의 가족이나 친구들은 끊임없이 조언을 할 것이다. 그것은 대부분 잘못 된 조언이다. 나는 콜롬비아 출신이다. 독일과 덴마크에서 15년을 살았다. 나는 이것이 의미하는 것을 안다. 대부분의 사람들은 대학에 가서 공부하고 큰 기업이나 정부에 취업해 남은 인생을 거기서 보내는 것이라고 생각한다.

당신 주변의 친구, 가족, 친지 등은 '현명한 일'을 하라고 압박을 가할 것이다. 엄마는 학위를 끝내고 집으로 돌아오기를 바랄 것이다. 친구와 가족은 "너는 그것을 할 수 없어.", "그것은 가야 할 길이 아니야.", "그건 불가능해.", "너는 너무 젊어 그것을 할 수 없어.", "대기업에서 10년간 경험을 할 때까지 기다려 봐.", "너의 경력에 대해 생각해 봐." 그리고 "너는 정착해야지."라고 말할 것이다.
이런 말은 강을 거슬러 올라 수영을 해야 한다는 말이다.
이런 지혜의 강점을 생각하지 않고 실리콘 밸리 사람들은 세상을 바꿀 회사들을 만든다.

🎯 모두는 아니지만 많은 창업자들은 실리콘 밸리에서 몇 주를 보내고 나면 결코 떠날 수 없다고 했다. 그들은 모든 사람들이 그들을 이해하는 땅에 와 있다고 최종적으로 느낀다고 한다. 그들은 실리콘 밸리 사람들이 서로를 돕고 있어서 좋다고 말한다.

🎯 창업자들 중 몇 사람은 미국으로 이주하고 싶다고 한다. 왜냐면 자기들 나라에서는 혁신하기가 어렵기 때문이다. 그들의 비즈니스 문화는 경험과 지식의 부족하다. 만약 뭔가 좋은 것을 창안하려면 큰 기업이 복제품을 만든다. 사람들은 대기업에 일하려 하고 그래서 창업을 하기 위하여 좋은 사람들을 구하기는 어렵다. 정부로부터 무상지원을 받는 것은 쉽고, 그래서 어떤 창업자들은 결코 졸업을 하지 않으려 한다. 지원금을 받은 뒤 다른 지원금을 받는다.

🎯 당신이 만들려는 물건이 당신 나라에서 유일한 것이라면 당신 나라에 머무는 것이 좋다. 왜냐면 시장을 잘 알 것이기 때문이다. 그러나 세계시장을 생각해서 만들 것이라면 실리콘 밸리로 와야 한다. 그래서 시장에 필요한 물건을 어떻게 할 것인지를 배워야 한다. 앞에서 언급했듯이 실리콘 밸리에는 74% 사람들이 다른 나라에서 왔다. 여기에서만 세계시장에 내놓을 제품을 개발하기 위한 재능과 기술을 가진 사람들을 찾을 수 있기 때문이다.

🎯 아프리카 국가에서 창업은 별도의 추가적 문제와 맞닥뜨려야 한다. 믿을만한 우편제도가 없어서 기업이 스스로 배달 방법을 구축해야 한다. 일반적인 전문가의 부족과 경험미숙에 투자자본도 없다. 다른 한편으로는 거기에서 무엇을 해야 하는지 이해하는 사람들이 해결 방법을 개발해야 한다. 아프리카 외의 사람들이 그러한 마켓에 들어가기는 거의 불가능하다. 단순히 아이디어를 수입할 수 없다. 현지여건에 맞게 적응해야 한다.

🎯 만약 미국 밖에서 창업을 한다면, 미국에 기반을 둔 투자자나 벤처 캐피털들에게 세금 문제가 생길 수 있다. 투자자들은 외국에서 창업한 기업의 경우 생기는 추가적인 세금문제 등을 원하지 않는다. 따라서 미국이 아닌 나라에서 투자를 받는 것은 어렵게 될 것이다.

언제 회사를 설립할 것인가

회사 설립, 은행계좌 개설, 변호사, 회계사, 그리고 투자자들은 이 장에서 논하지 않는다. 좀 더 창업 진행이 진전되기까지는 이런 문제들을 다루거나 회사를 설립할 이유가 없다. 이러한 문제는 뒤에 다룰 문제다. 당신의 아이디어가 사업화될 수 있다고 생각이 되면 그러한 일들을 추진해야 한다.

지금 당신이 필요한 것은 디지털 존재감을 보여주는 일이다.

창업에서 디지털 존재

사람들이 당신을 찾아 연락할 수 있도록 웹에 당신이 표시돼야 한다. 이것은 디지털 존재정보다. 보여주고 알게 하면 충분하다. 이것에 너무 많은 시간을 낭비하지 마라. 나쁜 소식은 이 모든 것을 동시에 구축해야 한다는 것이다. 웹 사이트와 이메일 가입 양식, 회사 소개자료들을 만들거나 소셜 페이지에 구독하기, Google 애드워즈(Adwords), 분석자료, 자료추적 등을 모두 동시에 실행해야 한다.

처음 창업하는 것이라면 많은 일을 해야 한다. 창업 경험이 있다면 빨리 할 수 있다. 이러한 모든 일을 처리할 수 있는 전문가를 맞아들여라.

도메인

먼저 도메인을 등록해야 한다. 그러나 도메인 이름을 찾기 위해 GoDaddy나 다른 도메인 등록대행 업체에는 가지 마라. 사기 당할 가능성이 높다.

등록대행 업체에 가서 10달러에 괜찮은 이름을 발견하고 팀원에게 이야기한다고 가정하자. 다시 등록처에 돌아와 그 이름으로 등록하려면, 그 값은 바로 1,000달러가 되어 있을 것이다. 당신이 그 이름을 찾는 것을 본 기록 담당자는 바로 등록을 할 것이고 30일 동안은 10달러를 안 내도 된다. 당신이 돌아왔을 때에는 그들은 1,000달러를 제안할 것이다.

[도메인 등록하기]
- 이름을 생각해 보라. 12345.com같은(또는 다른 어떤 것이든).
- 구글에 들어가 12345.com을 확인해 보라.
- 만약 그 도메인이 등록되어 있다면, 볼 수 있고 또 팔겠다고 제안하는 페이지를 볼 수 있을 것이다.
- 만약 구글에서 "이 사이트에 연결할 수 없으며, 12345.com의 서브 DNS 주소는 찾을 수 없다"라고 뜬다면 이 도메인은 등록이 되어 있지 않은 것이다.
- GoDaddy 등에 도메인 등록을 바로 하라.

등록된 도메인은 1억6,500만 개나 된다. 그래서 좋은 닷컴 이름을 얻기란 매우 어렵다. 그리고 1300 이상의 확장주소가 있는데, 이들은 .co, .ly, .app, .site, .team, .tech, .tools 등이다. goo.gl/Sv8pmp,에 가면 리스트를 볼 수 있다.

회사 로고

회사 이름이 정해지고 도메인을 등록한 후에는 회사의 로고를 만들 필요가 있다. 두 개의 로고가 있어야 하는 데, 임시로 사용하는 로고는 초기 스타트업 단계에서, 그리고 좀 더 나은 로고는 중간 스타트업 단계부터 사용한다. 창업씨앗단계는 하나의 실험이고 일을 계속할 것인지 또는 여러 번 사업 방향을 전환할 것인지 다시 결정해야 하기 때문이다. 로고에 돈을 허비할 이유는 없다. 임시로고를 사용하면 된다. 이모티콘이나 gif 이미지를 사용하라. 300달러나 쓸 필요가 없다. 많은 사람들이 로고를 만드는 데 50달러 이하를 쓴다. "로고 디자인"을 검색해 보라. 트위터의 새 모양 로고? 트위터는 이 로고 비용으로 단 15달러를 썼다.

로고가 만들어지면 디자인 회사와 매매계약서에 모든 미디어와 모든 나라에 영원히 모든 권리를 당신에게 준다는 것을 확인해야 한다.

스타트업의 중간단계로 성장하고 자금 유치가 성공했을 때에는 모든 형식에 대해 어떻게 디자인 하는지 잘 아는 프로 디자이너에게 부탁하라. 이 디자인은 웹 사이트, 메일, 뉴스레터, 소셜미디어 페이지, PT, 사무서류, 명함, 티셔츠, 스티커 커피 잔 등에 적용될 것이다. 앱을 만들면 앱 스토어도 사용하고 큰 포스터, 이벤트에 사용하는 큰 배너나 전시회에도 사용할 수 있는 것이어야 한다. 디자이너의 이력을 봐서 이런 일을 해 봤었는지 경력을 점검하라.

🎯 만약 미국 밖에서 창업을 한다면, 미국에 기반을 둔 투자자나 벤처캐피털들에게 세금 문제가 생길 수 있다. 투자자들은 외국에서 창업한 기업의 경우 생기는 추가적인 세금문제 등을 원하지 않는다. 따라서 미국이 아닌 나라에서 투자를 받는 것은 어렵게 될 것이다.

디지털 페이지

내용이 많이 필요 없다. 사람들이 당신을 찾고 무슨 일을 하고 있는지 알 수 있을 정도의 몇 쪽이면 된다.

- 웹 사이트 : 요즈음 웹 사이트 만드는 것은 쉬운 일이다. wrodPress, Wix, SquereSpace 등을 이용하라. HTML 또는 코드는 아니다. 수많은 무료 템플릿이 있다. 이들 URL에 들어가면 무료다.
- 만약 당신이 선호하는 워드프레스 같은 웹 사이트에 들어간다면, WhatWPThemeIs That.com 에서 그들이 어떤 테마를 가지고 있는지 찾을 수 있다.
- 제품, 팀 및 담당자 정보가 담긴 3페이지만 있으면 된다. 하나의 긴 페이지에 이들을 넣을 수도 있다. 이메일 링크를 추가하면 완료되고 한 시간 안에 할 수 있는 일이다.
- 당신이 가지고 있는 사진을 가지고 웹 사이트에 활용할 수 있다. goo.gl/qZUj5Q 에 가보라.
- 사진을 위한 또 다른 소스 : Google에서 검색하고 이미지 선택, 검색 도구, 사용 권한, 재사용을 위한 레이블 등 이러한 이미지들을 사용할 수 있다.

워드프레스 사이트를 만드는 것은 20분 정도면 된다. 이것을 만들기 위하여 수천 달러를 지불할 필요가 없다.

이미 웹페이지를 가지고 있다면 간단히 페이지를 추가하면 된다. 나는 나의 웹 사이트 andreas.com을 가지고 있고 이 책을 위해서 간단히 스타트업을 더해 andrea.com/startup/을 추가했다.

당신의 이야기 창에서 만화 비디오를 추가 할 수 있다. 당신이 무엇을 하고 있는지 알려줄 좋은 방법이다.

소셜 프로파일

페이스북, 링크드인, 그리고 트위터에 창업에 관한 페이지를 만들어라. 관련이 있다면 핀터레스와 인스타그램에도 올려라. 사업의 개요는 CrunchBase.com and Angel. co에서 만들어라. 스타트업과 실리콘 밸리를 위한 링크드인이 있다. 사람들과 스타트업, 그리고 투자자 등을 살펴볼 수 있다.

모든 웹, 페이스북 등에서 모든 페이지는 같은 로고와 메시지를 사용하라. 지속적인 이미지를 보여주어야 한다.

사무기기와 SW/Tools

2005년, 회사에 필요한 사무용품 준비는 아메리칸 익스프레스 카드로 컴퓨터 매장에 가서 회사 설립에 필요한 7000달러 상당의 물품을 구입했다. 지금은 매우 쉬운 일이다.

- 컴퓨터 : 모든 사람이 각자의 컴퓨터나 랩탑을 가지고 있다.
- 소프트웨어 : 대부분 무료다. 만약 스타트업이라는 것을 보여주면 마이크로 소프트는 Microsoft Office(Word, Excel, Powerpoint, Skype, Solitaire)를 무료로 줄 것이다. Azure cloud도 무료다(BizSpark at Microsoft.com을 보라). 구글은 구글 모음 세트(Google Docs, Gmail, Drive, Calendar, Hangout, Frogger), Adwords, and Analytics등을 가지고 있다.
- 공용 드라이버 : 모든 직원이 파일에 볼 수 있도록 드라이브를 나누어 사용하라.
- 화상회의 : 화상회의 시에는 스카이프, 행아웃 또는 join.me를 이용하라. 화면을 나누어 사용하면 한쪽이 문제가 생겨도 다른 쪽으로 바꾸어 사용할 수 있다.
- 휴대폰은 세 사람을 묶어서 가족 프로그램을 하는 게 좋다.
- 메일 뉴스레터 : MailChimp, Cloudy.email, ConstantContact, Sendgrid 등을 이

용해서 뉴스레터를 보낼 수 있다. 첫 2000개까지는 무료이다. 나는 이러한 것을 이용하는데, MailChimp가 최선이라 생각한다.
- 책상과 의자 : 창업하면서 이름 있는 Aeron 의자를 사용한다면 이는 낭비라는 것을 알 것이다. 아마존이 처음 시작할 때에 홈 디포에 가서 20달러 문짝을 사서는 10달러짜리 톱으로 잘라 맞게 설치하였다. 중고 사무용품상점에서 값싼 책상과 의자를 구할 수 있다. 자금이 바닥난 창업자로부터 그들의 가구를 얻을 수 있기도 하다.
- 슬랙 : 직원간 메신저로 사용하라.
- 사무용품 : 각자가 필요한 사무용품을 사라.

🎯 창업자에게 주는 화이트보드에 대한 팁. 1.2m x 2.4m, 두께 약 3.3mm 정도의 멜라민 보드는 약 12달러에 홈디포나 로웨의 판재코너에서 구할 수 있다. 지우개는 이소프로필과 물을 1:4의 비율로 섞어서 스프레이에 넣어 사용하라.

창업에 필요한 서류

영업계획을 세우고 창업에 대한 PT 슬라이드를 만들 필요가 있다. 하지만 아직은 작성할 때가 아니다. 지금 이런 일을 하려면 창업에 대한 방향을 설정해야 하는데, 나중에 바꾸기가 쉽지 않다. 먼저 해야 할 일은 고객과 인터뷰를 하고 문제와 해결책을 찾는 것이다.

웹 사이트

웹 사이트에는 몇 가지 툴을 더해야 한다.
새 구글 계정을 만들어라. 현재의 개인 gmail 계정을 사용하지 마라 : 다른 직원이 그 계정에 로그인 할 필요가 있다. 개인 메일 계정은 다른 사람이 들어갈 수 없기 때문이다.
- Gmail 계정을 개설하라. 일련의 글자와 수를 조합한 것을 사용하라. 해커들이 당신의 구글 메일 계정이 창업관련 계정인지 추측하지 못하도록 문자와 숫자로 임의의 열을 사용해야 한다.

- 해당 Gmail 계정을 사용하여 Google 애드워즈(Adwords), Google Analytics 및 Google Search Console을 추가하라. 빙(Bing) 웹 마스터 툴도 추가해야 한다. 또 웹 사이트에 추적 태그를 추가하라.
- 신용카드를 추가하고 애드워즈를 활용하라. 하루에 1달러라는 작은 캠페인을 설정하라. 가능한 한 빨리 설정해야 다양한 도구가 키워드 데이터를 수집하기 시작한다.

이런 것들을 수행할 사람을 고용하라. 툴에는 여러 가지 형태가 있는데, 이 문제를 파악하는 데는 며칠이 걸릴 수 있으며 실수를 수정하는 데 며칠이 걸릴 수 있다. 그런 다음 누군가에게 돈을 지불해야 한다. 때때로 고객의 엉망이 된 사이트를 볼 때면 이를 수정하는 것보다 새 계정을 만드는 것이 더 쉽다는 생각이 든다. 잘 알겠지만, 나는 이 모든 일을 처리하는 데 1시간도 채 안 걸린다. (그렇다고, 내가 당신을 위해 이런 일을 해주지는 못한다.)

웹 사이트에 유용한 또 다른 기능은 피드백 버튼이다. 사람들이 피드백과 제안이 포함된 이메일을 보낼 수 있도록 큰 버튼을 잘 보이는 곳에 추가하라. 피드백 위젯을 사용할 수도 있지만 이메일 버튼은 쉽게 추가하고 무료로 사용할 수 있다.

스타트업을 위한 기본적인 SEO

자, 나는 SEO(검색엔진 최적화, Search Engine Optimization)에 관한 12권의 책을 썼다. 나는 Cisco를 위해 글로벌 SEO를 지도했다. 나는 300개가 넘는 회사에서 SEO를 지도해 왔다. 여기에 핵심이 있다(Here's the red pill).

우선 SEO는 검색엔진 최적화이다. 이 말은 당신의 웹페이지를 검색에서 가장 높은 조회빈도로 높이는 것이고 이는 당신이 검색엔진을 해킹한다는 뜻이 된다.

SEO를 통한 당신의 목표는 검색엔진에서 찾을 수 있어야 한다. 이 방법에 대한 IBM의 사용 기술설명서는 500쪽이나 된다. 하지만 여기 짧은 버전이 있다.

만약 당신의 웹 페이지가 회사의 공식 페이지이고 회사 이름과 제품 그리고 당신의 이름으로 되어 있다면 구글이나 Bing에서 1위가 된다.

당신이 해야 할 것은 구글이 당신의 페이지가 공식 페이지라는 것을 알게 하는 것이라는 것을 명심하라.

이를 위해서는 웹 사이트에 있는 타이틀과 명세의 메타 태그를 편집하라. 제품 페이지에는 제품의 이름을 올려놓아라. 연락처 정보는 모두 기재하라. 이름, 회사명, 거리이름, 이메일과 전화번호까지 올려라. 그리고 페이스북, 트위터나 링크드인 페이지에도 추가로 올려라.

메타 태그는 구글 검색에서는 URL 아래에 나타난다.

메타 태그는 트위터를 하는 것과 같은 것이다. 네티즌이 쉽게 귀사의 링크에 클릭하는 좋은 이유 몇 마디를 올리면 된다.

이런 관점에서 보면, 키워드는 필요 없다. 대표자, 회사명, 그리고 제품명이 바로 키워드다.

메타 태그는 타이틀 태그와 명세 태그가 있다.

- 메타 타이틀은 마치 고기의 관심을 끌기 위한 미끼 같은 것이다. 관심이 있다면 세부설명을 읽을 것이다. 문자는 띄어쓰기 공간을 포함하여 68자까지만 하라. 그 이상이 되면 구글에서 차단될 수 있다. 예를 들면 이렇다 : 〈TITLE〉Get Handmade Pasta from Pasta Hut | Official Site | PastaHut.com 〈/TITLE〉

- 메타 설명서 태그는 네티즌이 이 링크가 찾고 있는 것이라는 확신을 시킨다. 이것이 고객이 원하는 주 아이디어로 시작한다. 나는 자주 전화번호와 함께 "첫 주문은 무료"라는 제안을 한다. 전화를 걸도록 "지금 전화하세요!"를 덧붙인다. 띄어쓰기 여백을 포함하여 167자 문자만 사용하라. 아마 그 이상이면 구글에서 차단될 수 있다. 예를 들면 이렇다 : 〈meta name="description" content="Try fresh handmade pasta tonight. Artisan & organic. No machines! We deliver to your door. | PastaHut.com | Tel. 555.123.4567. First order is free! Call Now!"/〉

- 메타키워드 태그는 검색엔진을 위한 키워드가 있다. 그러나 구글, 빙, 그리고 얀덱스는 그것을 사용하지 않는다. 그냥 무시해도 좋다.

"Spaghetti Pasta Lasagna Tortellini Linguini Penne."와 같은 '묶음말'은 의미가 없으니 올리지 말라. 너무 많은 말이 쌓이면 구글은 태그를 막아 버릴 수 있다. 키워드를 더하기보다는 사람들이 웹 사이트를 방문할 좋은 이유를 올려야 한다.

이 같은 일은 스스로 할 수 있다. SEO를 고용할 필요도 없고 따라서 돈을 지급할 이유도 없다. 이 작업을 증명하기 위하여 나는 내 고양이에 대하여 실전적으로 해보았다. 고양이 이름 Anaximander Katzenjammer을 검색하면 1위에 올라 있다.

이 모든 것이 SEO에서 실제로 있을까? 그렇다. 새 스타트업을 위해 아주 많이 있다. 10만 개의 제품과 100만 페이지가 있다면 해야 할 작업이 더 많겠지만 지금은 몇 개의 태그만 필요하다.

SEO에 관하여 더 많은 것을 알고 싶으면 나의 웹 사이트에 있는 무료 SEO ebook을 찾아보기 바란다.

샌프란시스코에 있는 나의 INSEEC 대학 학생들에게 '스타트업을 위한 8페이지짜리 단계별 기초 SEO 가이드'와 작은 웹사이트를 썼다. 여기에 당신에게 필요한 모든 상세한 것이 들어 있다. andreas.com/startup에서 8페이지 무료 pdf 파일을 참고하기 바란다.

창업을 위한 기본적인 구글 애드워즈

SEO에도 불구하고 구글 검색에서 순위가 정상에 오르지 않는다면 당신의 이름과 회사명을 가장 위에다 올리기 위해 애드워즈를 사용하라.

- 3개의 광고 그룹으로 캠페인 하나를 만든다. 첫째 광고그룹에서 회사 이름을, 두 번째에서는 제품 이름을 키워드로 넣어라. 두 단어인 경우 "pasta hut"와 같이 인용부호를 사용하고 또 인용부호 없이 pastahut와 같은 한 단어로도 포함시켜야 한다. 세 번째 광고그룹에서는 당신의 이름을 따옴표로 묶어 키워드로 추가하라. 추가되는 광고그룹에서 공동설립자를 추가하고.
- 구글은 입찰가가 10달러가 되어야 한다고 할 것이다 : 이는 무시해도 된다. 키워드 비딩은 25센트로 하라.
- 하루에 2달러 예산으로 시작하라. 한 달에 60달러면 될 것이다.
- 구글 분석시스템을 설치하면, 150달러의 애드워즈 크레딧을 받을 수 있을 것이다. 첫 150달러는 구글의 돈으로 공짜다. 애드워즈 요금 정산에 쿠폰코드를 입력하면 친절한 구글 직원이 전화를 해 계정을 만들라고 제안해 줄 것이다. 구글이 이런 것을 못하게 하라. 그들은 예산과 입찰가를 높이는 고등학생들에게 당신의 계정 정보를

제공하는 것 말이다. 그들은 확실히 전환 추적을 설정하지 않는다. 그 고등학생 각자는 수백 개의 계정을 관리하므로 당신에 대하여 신경 쓰지 않는다.

🎯 나는 지난 여름 구글이 계정을 만들도록 한 창업자를 만났다 : 구글은 한 달 만에 5,000달러를 쓰게 했지만 창업자가 얻은 것은 아무것도 없었다. 그것이 구글이 매년 500억 달러를 버는 이유다.

SEO처럼 초기에는 애드워즈를 너무 많이 할 필요가 없다.

나의 무료 PPC ebook을 이용하여 더 많이 PPC를 배우기 바란다. 이 책은 웹 페이지에서 찾을 수 있다.

구글 애드워즈에서 키워드 검색

오늘 아침 구글의 모든 툴을 당신의 웹 사이트에 설치했다면, 이제 키워드 검색을 해 보자.

- 많은 회사들이 당신에게 키워드 검색자료를 받으려면 돈을 내라고 한다. 구글에서는 최선의 키워드 자료가 무료다.
- 구글 애드워즈에서 "Tools | 키워드 단어 플래너(Keyword Word Planner)"를 선택하고 "당신의 제품 또는 서비스(Your product or services)" 상자에 4~5개 최상위 키워드를 입력하라. "타깃팅(Targeting)"에서 국가명을 기입하고 당신의 언어를 추가하라. "아이디어 얻기(Get Ideas)"를 클릭하라. 구글은 매월 검색 트래픽과 함께 추가 키워드를 보여준다. 트래픽을 기준으로 데이터를 정렬하면 상단에 최상의 키워드가 표시된다. 제목, 머리말 및 시작 문장에 있는 단어를 사용하라.
- 결과를 지우고 이번에는 '방문 페이지(Your Landing Page)' 상자에 경쟁사의 URL을 입력하라. Google은 당신의 경쟁자에게 트래픽을 높이는 키워드를 보여줄 것이다. 당신의 상위 다섯 경쟁사에 대해서 해 보라. 5개 경쟁 업체의 결과를 모두 다운로드 하여 하나의 스프레드시트에 결합하고, 정렬하고, 중복된 부분을 정리하면 모든 경쟁사의 키워드를 얻게 된다.
- Google 애드워즈에서 "키워드(Keywords)" 탭을 클릭 한 다음 "검색어(Search Terms)" 버튼을 클릭하라. 구글은 사람들이 당신의 웹 사이트를 방문하는 데 사

용하는 키워드를 보여준다. 목록을 다운로드 하려면 작은 아래쪽 화살표 버튼을 클릭하면 된다.
- 구글 애널리틱스(Analytics)에서 합병, 검색엔진 최적화, 검색어를 찾아라. 구글은 사람들이 사이트를 찾는 데 사용한 키워드를 표시한다.
- 구글 검색 제어장치(Search Console)에서 "검색빈도 | 검색분석(Search Traffic | Search Analytics)" 데이터를 클릭하라. 구글은 사람들이 귀사의 사이트를 찾는데 사용했던 키워드를 더 많이 보여 줄 것이다.

잠깐, 똑 같은 일을 하는 데 4가지 방법이 있다고? 노. 4가지 보고서는 약간 서로 오버랩 되기는 해도 4가지 다른 키워드 세트가 있다고 보여주고 있는 것이다. 보고서들을 다운로드 받아 하나의 스프레드시트에 결합하면 각 키워드에 데이터와 함께 관련 산업에 대한 모든 키워드를 완전히 정리할 수 있을 것이다.

지역(프랑스, 인도 등) 및 언어(스페인어, 독일어 등)별로 이 작업을 수행할 수 있다. 지난 4년간 구글 애드워즈의 시간척도를 설정하고 수량 그래프를 볼 수도 있다. 키워드 보고서는 웹 사이트, 블로깅, 소셜 게시, 트윗 등의 최상위 키워드를 보여준다. 투자자에게 키워드 보고서를 제공하라. 그것은 당신의 제품에 대한 시장이 있는지 여부를 보여주는 것이다.

데이터 수집을 시작할 수 있도록 최대한 빨리 구글 툴을 설치해야 하는 이유다. 그렇게 하지 않으면 일이 제대로 되지 않을 것이다. 얼마나 나쁘냐고? 여기에 두 가지 이야기를 소개한다.

오래 전의 일이다. 나는 멀리 떨어진 곳에서 그의 할아버지의 옛 방식으로 설립한 창업자와 일했다. 그들은 100만 달러의 자금을 마련하고 10인의 엔지니어를 고용했다. 그리고 판매와 마케터, 웹 디자이너, 사무실 주방 아주머니와 여러 인턴도 채용했다. 1년 반이 지났지만 고객과는 아무런 논의도 하지 못했다. 내가 서커스를 하는 것 같은 이 회사에 들어온 며칠 뒤, 키워드 검토를 했다. 톱 키워드를 프린트하고 월별 검색빈도를 검토했다. 주간 회의석상에서 나는 이 자료를 제출했다. 그들 산업에 대한 톱 키워드는 세계적으로 월 1400회 검색을 했다. 바로 이것이었다. 나의 고양이 웹 페이지는 이보다 더 많았다. 사장이 이 리스트를 본 뒤 그의 얼굴은 마치 번지점프대의 좁은 플랫폼에 서 있을 때의 그 얼굴이 됐다. 어쩌면 아내의 이혼 변호사를 만났을 때 같은 얼굴이었다. 우리는 여기서 무엇을 기억해야 할까? 그것은 잘못된 것이었다. 시장이 없었고 회사는 6개월 뒤에 문을 닫았다.

이 섹션을 기쁜 마음으로 끝내자. 캘리포니아에서 있었던 일이고, 거기에 죽음이 관련되어 있지만 어쨌든 행복한 일이었다. 나는 큰 공동묘지관리 회사와 일했다. 그들은 마케팅을 적극적으로 할 필요가 있다고 했다. 그들은 묘지를 더 팔기 원했고 나는 여러 가지 중에서 키워드 리포트를 검색했다. 회의 하루 전날 밤 많이 본 검색어는 "개를 묻다" "고양이를 묻다" "금붕어 무덤" 등이었다. 내가 미팅에서 이 이야기를 한다면 그들은 나를 미쳤다고 할 것 같았다. 그래서 이를 뺐는데, 다시 생각하니 이것은 좋은 데이터라는 생각이 들어 다시 집어넣고 회의에 참석했다.

회의는 예상한대로 실리콘 밸리 지역임에도 많은 사람들이 검정 정장에 검은 타이를 매고 긴 테이블에 둘러 앉아 있었다. 나는 자료를 제시했고 우리는 이야기를 계속했다. 나는 키워드 리포트로 돌아가 자료를 참석자에게 돌렸다. 나는 리포트를 설명하며 그 데이터와 키워드를 논의했다. 그리고 난 뒤 강조했다. "페이지 32행에 보시면 개와 고양이를 묻는 많은 검색어가 나옵니다." 부사장 한 명이 주먹으로 책상을 탁 내리치며 말했다. "알았다. 애완동물 무덤에 시장이 있는 거야!" 몇 달 뒤, 그들은 나를 불러서 현장방문을 권했다. 그들은 작은 애완동물 추모공원을 만들었고 거의 만원이라고 했다. 이해하셨는가? 데이터를 보면 시장이 보이고 사람들은 행복할 수 있다.

좋은 제품명을 찾기 위해 애드워즈를 사용하라

회사와 제품 이름을 찾기 위하여 키워드 검색을 할 수 있다. 키워드 검색을 통하여 월별 검색수가 많은 단어를 찾는다.

당신의 아이디어를 테스트하기 위해 애드워즈를 활용하라

애드워즈를 사용하여 당신의 아이디어를 테스트 할 수도 있다. 사람들이 웹 사이트를 방문하면 존재하지 않는 무언가를 위해 광고 캠페인을 시작할 수 있다. 가입 버튼을 설정하여 이름과 이메일을 수집하라.

뉴스레터를 시작하라

팀, 고문, 투자자, 고객 및 친구들이 최신 상태를 유지할 수 있도록 월간 이메일 뉴스레터를 보내야 한다. 그들은 당신이 하고 있는 것을 다른 사람들에게 말할 것이다. 고객에게 월간 뉴스레터를 보내고 진행 상황을 업데이트 하라. 그리고 의견 및 제안을 요청하라. 누군가 당신에게 보낸 편지는 기계적 자동 응답을 하지 말고 직접 개인 답장메일을 작성하는 것이 좋다.

MailChimp, Cloudy.email, Sendy, Constant Contact 등과 같은 이메일 도구를 사용할 수 있다.

웹 사이트에 뉴스레터 구독 버튼을 추가하라. 전자메일 도구는 사람들에게 뉴스레터를 구독하도록 요청하기 위해 웹 사이트에 Subscribe 링크를 넣는 코드를 제공한다. 5만 명 정도의 가입자를 갖는 것은 좋은 일이다. 중요한 것은 뉴스레터를 읽는 사람의 숫자다. 지난 3개월 동안 한 번도 열어보지 않는다면 그런 사람들은 관심이 없는 사람들이니 구독자 리스트에서 제외해야 한다.

Facebook, LinkedIn, Gmail 등에서 연락처 이메일을 다운로드 해야 한다.

그렇게 하기 위해서 :

- Gmail : Gmail(빨간색 버튼, 맨 왼쪽)을 클릭한 후 연락처를 선택하고 More를 클릭한다. 그리고 모든 연락처를 선택하여 CSV에 저장하라.
- LinkedIn에 로그인하여 | 내 네트워크 | 커넥션즈(Connections ; 상단 중간)를 클릭하라. 맨 오른쪽에 있는 톱니바퀴 아이콘(gear icon)을 클릭하라. 오른쪽 열에 있는 내보내기(Export LinkedIn Connections)을 클릭하라. "내보내기 대상(Export to)" 드롭다운 메뉴에서 MS CSV를 선택하라.
- Facebook : 야후 이메일 계정을 만들어라. address.yahoo.com으로 이동하여 Facebook 아이콘을 클릭한 다음, Facebook ID로 로그인 하면 된다. Facebook 주소록을 야후 Mail 계정으로 가져옵니다. 야후로 이동 | 툴즈(Tools) | 가져오기 (Import)를 하여 CSV 형식으로 내보내거나 'Control A'를 눌러 모두 복사한 다음 텍스트 파일에 붙여 넣으면 된다.

명함을 스캔 할 수 있다. 명함 사진을 찍고 이미지를 텍스트로 변환하는 스마트 폰 앱을 사용할 수도 있다.

모든 이메일을 하나의 목록으로 결합하고 중복된 내용을 제거하라. 그런 다음 목록을 제거하라. 많은 이메일 주소는 매년 폐기되므로 잘못된 이메일을 삭제해야 한다. 정리하지 않으면 수백 개의 반송된 이메일을 받게 되며, 이메일 호스트는 당신이 스팸 발송자라고 생각해 계정을 폐쇄할 수 있다.

나쁜 메일을 지우기 위해서 DataValidation.com을 이용하면 1,000개당 7달러 정도에 처리할 수 있다. 모든 메일 리스트를 업로드 한 후 며칠 뒤에 메일을 분류하여 좋은 메일, 아마도 문제가 있을지 모를 메일, 그리고 나쁜 메일로 구분하여 준다. 이후로는 좋은 메일과 괜찮은 메일 리스트에만 보낸다. 나쁜 메일은 지운다.

모든 공동설립자는 Gmail, Facebook 및 LinkedIn 이메일 계정으로 이를 실행하여 전체 메일 리스트를 만들어야 한다. Gmail 계정에서는 대량 메일을 보내지 마라. 하루에 300~400개를 보내면, 구글은 당신의 메일계정을 막을지 모른다. 이것이 당신의 프로젝트 계정이라면 다시 새로운 시작해야 할 수도 있다.

소득, 마케팅 그리고 다른 요인들

많은 스타트업 기업은 두 가지 치명적인 실수를 저지른다.

- 제품의 시장조사 : 보통 제품을 먼저 생산하고 그런 다음 그 제품에 대한 시장을 찾으려 한다. Webvan은 시장 없이 10억 달러의 스타트업을 하였다.
- 강한 마케팅은 별 볼일 없는 제품도 시장에 자리 잡게 한다 : 그들은 좋은 제품은 아니지만 팔기 위한 많은 마케팅을 활동을 한다.

쉬운 솔루션은 영업 및 마케팅을 위한 돈을 모아서 투자자가 보고 싶어 하는 판매를 창출하는 것이다. 벤처 캐피털은 당신에게 줄 돈을 투자자로부터 받기 때문에 암묵적으로 이를 좋아한다.

오해하지 마시라 : 마케팅 작업이란…, 대기업을 위한 것이다. 나는 글로벌 대기업들을 위해 이런 마케팅을 해 왔다. 하지만 그들은 스타트업이 할 수 있는 것을 훨씬 뛰어 넘는 일을 한다. 많은 사람들은 광고란 '제품이 좋지 않을 때 지불하는 세금'이라고 지적했다. 마케팅은 약한 근육을 은폐하기 위해 스테로이드를 사용하는 것과 같다. 창업 초기 단계에서 마케팅 및 판매를 해서는 안 된다. 당신이 그렇게 한다면, 당신

은 발목을 잡혀서 개발을 할 수 없을 것이다. 판매를 시작하기 전에 제품개발을 완료해서 사용자가 좋아하는 제품을 만들어라. 그러면 바이러스처럼 성장할 것이다.

어쨌든, 당신이 아마 궁금해 하고 있기 때문에, 나는 중간 단계 스타트업을 위한 많은 이야기들을 이 블로그에 추가했다.

- 브랜드를 만드는 방법
- 로고, 색상, 글꼴 및 웹 사이트를 테스트하는 방법
- 뉴스레터를 이용한 테스트 방법
- 새로운 고객 확보 및 유지 방법
- 제품을 평가하기 위한 리뷰어를 얻는 방법.
- 광고를 위해 구글을 이용하는 방법
- 응용 프로그램에 ASO를 사용하는 방법
- 소셜 미디어 마케팅, 콘텐츠 마케팅 및 성장 해킹
- 잡지와 신문에 들어가는 법
- 회의 및 무역 전시회에서 말하는 법
- 기타 사항

창업자들의 스타트업

창업자들에 의한 스타트업 사례들 :

- Gala Gil Amat, 창업자. 건물의 구조적 안전성을 측정하기 위한 IoT 시스템 기술을 개발했다. 공동설립자는 스탠포드 및 UC 버클리 엔지니어들이다. 팔로 알토에 본거지를 두고 기금을 모으고 있다. yellowfinch.com에 방문하기를 권한다.
- Nick Hurd, 창업자. 페이스 북이나 이메일 뉴스레터를 통하여 뭔가를 팔고자 한다면 Nifftycart를 사용하라. 사용하기 쉽고 휴대폰에서도 이용할 수 있다. 이는 QuickBooks와 GetResponse를 연결해 주고 당신의 온라인 비즈니스를 자동화 해준다. 창업자는 여러 성공적인 소프트웨어를 개발했으며 투자자를 기다리고 있다. 하와이 마우이에 있으며 Niftycart.com을 방문해보라.

요약

디지털 인물정보의 포인트는 사람들이 당신을 찾을 때 나타난다. 그들은 당신이 누구이고 어떤 일을 했는지 보고 싶어 한다. 여기에는 잠재적 공동설립자, 고문, 고객 및 투자자가 포함된다. 사람들이 당신을 온라인에서 찾을 수 있도록 해야 한다.

04 고객 인터뷰   *Interview Your Customers*

제품을 개발하기 전에

정관 작성, 회사 설립 또는 기념품 티셔츠 주문을 하기 전에 아이디어에 대한 시장이 있는지 알아봐야 한다.

핵심 아이디어 : 고객과 인터뷰를 통하여 이 아이디어를 실행에 옮겨라. 어떻게 그들이 그들의 일을 수행하고 있는지? 어디에 불만이 있는지? 그 문제로 인해 얼마나 많은 비용을 부담하고 있는지? 그 문제를 어떻게 해결하고 있는지? 고객들이 솔루션을 어떻게 알아내는지? 이 일을 잘 한다면, 고객은 그들이 무엇이 필요하고 얼마 정도까지 비용을 부담할 수 있으며 최종적으로 구매할 것인지를 말해 줄 것이다.

인터뷰를 10회 또는 20회 이상 한 후에는 사용자 경험에 대한 스토리 보드를 작성할 수 있다.

고객과 회사

회사의 가장 중요한 부분 중 하나는 고객이다. 고객이 당신에게 돈을 지불하기 때문이다. 그들이 돈을 지불하고 또 계속 쓰게 하려면 고객을 알아야 한다. 그들이 누구인지 뿐만 아니라, 그들이 무슨 일을 하는지 이해할 필요가 있다.

◎ 스타트업 초기에는 시간을 고객에게 80%, 개발에 20%를 소비해야 한다. 시간이 지남에 따라 고객 20% 개발의 80%로 천천히 전환된다. 물론 이것은 업계에 따라 다르다. 이것은 프로그래밍 언어, 복잡한 의료기기, 대형 산업기계 등과 같이 크고 복잡한 프로젝트에서는 적용할 수 없다.

◎ 이는 고객을 아는 것 이상이다. 당신은 고객과 사랑에 빠진 사람처럼 일할 필요가 있다. 고객에 대해 할 수 있는 모든 것을 배우고, 그들이 무엇을 좋아하는지, 그들이

어떻게 일하는지 배워야 한다. 이러한 이유로 고객과의 면담이 가능한 경우 직접 해야 하며 그렇지 않은 경우 스카이프 화상 채팅을 통해서라도 해야 한다. 당신은 무엇이 그들을 행복하게 하는지, 그들이 무엇을 주저하는지, 그리고 그들이 무엇을 피하는지를 볼 필요가 있다.

고객과 인터뷰 하는 방법

고객과 인터뷰를 통해 고객의 일과 삶에 대해 배우고 고객이 원하는 더 나은 제품을 개발할 수 있다.

다음 몇몇 섹션은 랍 피츠패트릭(Rob Fitzpatrick)의 짧은 책 〈The Mom Test〉에 부분적으로 바탕을 두고 있다. 작지만 좋은 책이다. 일독을 권한다. 그리고 MomTestBook.com을 참조하기 바란다.

이것은 단순한 이론이 아니다. 이 책을 쓰기 위해 창립자, 벤처기업, 엔젤투자자, 인큐베이터, 액셀러레이터 및 공동사무실(co-working spaces)의 책임자들과 인터뷰했다. 나는 그들이 스타트업을 어떻게 구축했는지, 효과가 있었는지, 효과가 없었는지, 무엇을 하고, 하지 않았는지를 말해 달라고 했다. 이 인터뷰를 통하여 이 책을 썼다. 그래서 이 책을 실제적인 현실을 반영한 것이라고 감히 말한다.

인터뷰를 통해 이 책의 많은 부분을 다시 생각하게 되었다. 창업자들이 스타트업에 대해 나에게 이야기한 내용을 토대로 많은 섹션이 재작성, 삭제 또는 확장되었다.

인터뷰할 사람 찾기

가능한 모든 사람들에게 다가가라.
- 친구, 가족, 대학 친구들, 졸업생
- 공동설립자, 고문, 동료
- 대학 및 비즈니스 스쿨 교수
- 투자자
- 뉴스레터를 신청하거나 웹 사이트에 등록한 사람들

🎯 한 창립자는 실패한 스타트업들에 대한 인터뷰도 해야 한다고 말했다. 비슷한 스타

트업을 찾으려면 Angel.co 그리고 다른 사이트들에서 창업자들을 살펴보라.

🎯 인터뷰 한 창업자 중 한 사람은 학생이었다. 그녀는 학생 프로젝트를 위해 연구를 하고 있다고 말했는데, 이는 사실에 가깝다.

🎯 가능성이 높은 투자자와 면담해야 한다. 한 창업자는 실리콘 밸리의 선도적인 엔젤 투자자 중 한 명이 스타트업 중심 시장에서 작년에 2,600만 달러를 잃었다는 것을 알았다. 다른 모든 엔젤 투자자들이 이 사실을 알고 있었기 때문에 아무도 기꺼이 투자하려 하지 않았다.

얼마나 많은 사람과 인터뷰를 해야 하나?
🎯 나는 그들이 얼마나 많은 인터뷰를 했는지 창업자들에게 물었다. 어떤 사람은 2개월 동안 70번의 인터뷰를 했으며, 다른 3명은 30번의 인터뷰를 했고, 대부분은 10~20회 인터뷰를 했다고 한다. 한 창업자는 800개의 설문을 사용했고 다른 한 명은 1,500개의 설문을 사용했다고 한다. 일부는 아무에게도 인터뷰를 하지 않았고 한다. 나는 이 책을 위해 26명을 인터뷰했다.

이 메일의 예
다음과 같은 메일을 보낼 수 있다 ;

밥씨, 안녕하세요?
나는 건설산업 분야에 필요한 제품을 개발 중입니다. 나는 당신의 산업이 어떻게 활성화하는지 이해하려고 공부하고 있는 중입니다. 당신은 경험이 많으므로 도와주시면 저는 실수를 피할 수 있다고 믿습니다. 나는 물건을 팔고 싶은 것이 아니라 단지 배우고 싶습니다. 선생님을 점심에 초대하여 이야기 나누고 싶습니다.
　　　　　　　　　　　　　　　　　　　　　　　　　　－에밀리로부터－

아래의 예문은 간략하면서도 의도를 잘 전달할 수 있는 모델로 영문을 그대로 옮긴다.

Dear Bob;

I'm developing a product for the construction industry. I'm trying to understand how your industry works. You have lots of experience and that could help me avoid mistakes. I'm not selling. I just want to learn. Can I buy you lunch and talk about this?

—Emily—

🎯 이 책을 쓰기 위해서 필자의 뉴스레터 구독자 1,500명에게 이메일을 보냈는데, 약 45명이 대답했고 그들 중 26명과 인터뷰를 했다.

인터뷰 전

인터뷰 대상자를 알아야 한다. 인터뷰 대상자와 그 회사를 검색하여 준비하고 그의 웹사이트, Facebook, Twitter, LinkedIn, Instagram 등을 보는 것이 좋다. 교육, 직업 경력 및 개인적인 관심사, 그의 회사의 웹 사이트와 LinkedIn 페이지를 살펴보고 그 회사에 대한 뉴스를 찾아보는 것도 좋을 것이다(Google 뉴스로 이동하여 해당 사용자와 회사를 검색하면 된다).

누가 인터뷰 하는 것이 좋은가

당신과 당신의 공동설립자가 인터뷰를 직접 해야 한다. 이것을 남에게 맡겨 처리하거나 인턴 학생들이 대신하게 할 수 없다. 이 일은 당신 스스로 해야 한다.
각 면접은 공동설립자 중의 한 사람과 팀을 이루어 하는 것이 좋으며 모든 면접에 같은 두 사람이 가는 것은 권하고 싶지 않다.

인터뷰를 어떻게 하나

- 이 인터뷰가 물건을 팔기 위한 것이 아니라는 것을 상대가 알고 있는지 확인하고 그가 전문가이기 때문에 인터뷰 하는 것이라는 점을 인식시켜라.
- 면접 전에 질문을 보내서 그가 미리 준비하게 하라.
- 프로젝트를 발표하거나 이야길 꺼내지 말고 상대에게 질문하라. 그가 말하게 하라.

- 질문지 2부를 가져가 그에게 1부를 주어라.
- 면담 내용을 녹음하라. 메모를 하는 대신 대화에 집중할 수 있다. 전화 통화 및 대화를 녹음하는 앱이 있다.
- 사무실에서 인터뷰하지 마라. 그건 너무 형식적이라 마음을 열고 말하지 않을 것이다. 혼잡한 커피하우스에서의 인터뷰도 좋지 않다. 다른 사람들이 엿들었을 수도 있고 공개적으로 말을 하지 않을 수도 있기 때문이다. 책상이나 테이블에 마주앉지 말고 같은 쪽에서 나란히 앉는 것이 좋다.
- 너무 공식적으로 대화하지 마라. 편안하게 이야길 나누는 게 좋다.

비디오 채팅을 사용하는 경우, 서로 얼굴을 볼 수 있도록 해야 한다. 얼굴 표정은 많은 것을 말해 준다.

좋지 않은 질문들

많은 고객 인터뷰에서 잘못된 질문을 한다. 제품 설명으로 시작하여 고객에게 제품을 구매할 것인지 물어 본다. 그 결과 "예, 또는 아마도"라고 대답하겠지만 구매의사 결정이 아니기 때문에 그것은 도움이 되지 않는다.

여론조사나 설문조사 또는 객관식 조사는 디테일과 문제점들을 놓칠 수 있다. 자유롭게 질문하고 편하게 대답하게 하는 것이 좋다.

🎯 고객이 모두 비슷하다고 가정해선 안 된다. 스타트업이 의료기기를 개발하여 의사와 면담했는데, 특정 전문의가 고급 기능이 필요하다고 하여 기능을 추가하였지만 일반 의사에게는 너무 복잡해서 판매가 잘 되지 않았다. 지나치게 전문적인 제품은 넓은 큰 시장에서 판매하기란 쉽지 않은 일이다.

요청할 질문

핵심 아이디어 : 고객들의 과거 조치에 대하여 구체적 질문을 하라. 예를 들면 무엇이 진정 문제였는지? 왜 이런 문제에 신경을 썼는지? 얼마나 많은 손해를 입었는지? 문제를 해결하기 위하여 어떤 조치를 했는지?

예를 들어, 건설회사 용 앱을 제작하고 있다고 가정하자. 당신은 다음과 같이 질문할 수 있다.
- 현재 이 과정을 어떻게 진행하고 있습니까? 지난 번에는 이 문제를 어떻게 처리했는지 단계별로 설명해 주십시오.
- 프로세스의 어떤 부분에 문제가 있습니까?
- 툴에 문제가 있습니까?
- 사용하는 툴을 선택하기 전에 시도한 다른 툴은 무엇입니까?
- 지금은 어떻게 문제를 처리하고 있습니까?
- 어떻게 수정하여 고치겠습니까?

가끔은, 그들은 정말로 문제를 알고 있고 그것을 해결하는 방법을 알려줄 것이다.
- 왜 이것을 전에는 고치지 않았습니까?
- 정말로 문제가 되나요? 아니면 그냥 사용할 수 있는 것은 아닌가요?
- 당신은 정말로 무엇을 하려고 합니까? 이 모든 것의 진정한 의미는 무엇입니까?
- 대체품을 찾고 있습니까?
- 툴을 교체하지 못하게 하는 요인은 무엇입니까?
- 대체품은 어디에서 찾으십니까?
- 대체물을 찾을 때 누구의 말을 듣습니까?
- 툴로 인해 얼마나 많은 돈을 잃고 있습니까?
- 더 나은 툴을 위한 예산이 있습니까?
- 누가 새로운 툴에 대한 예산을 통제합니까?
- 새로운 툴을 선택하는 의사결정 과정은 무엇입니까?
- 결정을 내리는 사람의 이름은 무엇입니까?
- 누구와 더 이야기할 수 있습니까?
- 이 밖에 제가 더 알아야 할 것이 있습니까?

마지막 질문은 매우 중요하다. 사람들은 당신이 생각지도 않았던 것을 말해 줄 것이다. 질문의 예를 좀 많이 나열했다. 이 질문 목록을 사용하여 자신만의 질문을 선택하면 된다. 한 시간 정도의 대화에 대해 약 10~12개의 질문을 하는 게 좋다.

🎯 어느 창업자가 말해준 일이다. 회사의 인터뷰팀이 위의 질문을 가지고 '사용자의 고충'에 대해 질문을 던졌다고 한다. 그들에게 왜 그렇게 했는지 물었더니 그들의 교수가 그렇게 질문을 하라고 해서 했다는 것이었다. 하지만 그들에겐 제품이 없었다. 그래서 일반 사람들에게 어떤 문제가 있는지에 대해 질문을 했다. 그 결과 어떤 문제를 발견하고 문제를 해결할 수 있는 제품을 개발하게 되었다고 한다.

다른 방법으로 질문하기

🎯 여러 창업자들은 다르게 질문하는 방법을 알고 있었다. 한 팀이 제품에 대한 이야기를 추가했다. 그랬더니 인터뷰하던 사람들은 대부분 회사의 지원팀에 연락하여 문제가 해결된 경우를 찾아내어 답변을 해주었다.

🎯 또 다른 팀은 전 세계 고객을 대상으로 연중무휴 온라인 채팅을 제공했다. 공동설립자는 회사를 4년 간 운영한 후에도 고객과 연락을 유지하기 위해 매일 30분간 채팅을 했다. 그들은 고객에게 질문하고 많은 의견과 제안을 받았다.

인터뷰 후

인터뷰 자료(대화요약, 비디오, 오디오 녹음 및 인터뷰 노트 사진)를 공유 드라이브에 넣어서 모든 팀의 개발자들이 인터뷰 내용을 볼 수 있게 해야 한다.

제품 개발에 인터뷰를 활용하라

각 인터뷰를 건별로 논의하기 위해 팀 회의를 열어라. 어떤 새로운 정보가 있는지, 제품개발에 새로운 정보를 어떻게 적용할 수 있는지, 당신 회사의 제품, 개발 및 프로젝트의 미래는 어떻게 변화할 것인지.

인터뷰 내용을 스토리보드에 올려라

고객의 문제를 명확히 이해하면 스토리보드를 만들 수 있다.
스토리보드는 고객의 관점에서 만든 프로세스에 대한 설명이다. 그가 무엇을 하고 있는지, 어떤 문제가 생길 수 있는지, 그것이 그가 하는 일에 어떻게 영향을 미치는지, 그리고 어떻게 해결할 수 있는지를 말해준다.
스토리 보드는 여러 가지로 만들 수 있다.
- 몇 줄의 글
- 단계별 개요
- 거품모양 그림에 텍스트와 부제목이 있는 막대기 모양의 만화
- 애니메이션 만화 캐릭터가 있는 비디오

스토리 보드는 짧아야 한다. 짧게 유지함으로써 문제/해결책을 빠르고 명확하게 진술할 수 있다. 즉, 텍스트 절반 페이지, 그림 한 페이지, 또는 30초 정도의 비디오면 된다. 다양한 사용자를 위한 여러 가지 버전의 스토리보드를 만들 수 있다.
- 개발 팀을 위해
- 투자자를 위해
- 당신의 웹 사이트 접속자를 위해

스토리보드 작성 방법을 볼 수 있는 많은 웹 페이지와 블로그가 있다. Google Ventures의 Jake Knapp이 스토리보드를 사용하여 신속하게 프로토 타입을 작성하는 방법을 확인할 수 있다.(goo.gl/VZfNDx 참조)

🎯 인터뷰에 응한 창업자들은 거의 모두가 스토리보드를 작성하여 유용했다고 했다.

🎯 스토리보드를 사용하지 않았던 창업자들도 있었다. 그들은 이것이 단지 훈련이라고 생각했었고, 이 문제에 대한 많은 경험과 고객 및 시장에 대한 명확한 이해를 바탕으로 스토리보드를 작성할 필요가 없었다.

🎯 몇몇 창업자들은 "투자자들이 인터뷰나 스토리보드에 관심이 없었다"고 말했다. 그들은 투자자들에게는 많은 시간이 없다고 말했고 투자자들은 재정적 문제만 관심을 가졌다고 한다.

질문하기와 관련된 문제

질문하는 것은 의심과 혼란을 없애기 위함이다. 무엇을 얻었는가? 더 많은 의심과 혼란을 얻었는가?
10명의 전문가에게 물으면 10개의 답을 얻을 수 있다.
모든 인터뷰를 보고 요약하면 몇 가지 일반적인 상태와 문제점을 발견할 수 있다.

◎ 한 창업자는 인터뷰를 했지만 인터뷰에 문제가 있다는 것을 깨달았다. 만일 당신이 5년 전에 '온 디맨드 카 서비스'에 관해 사람들에게 물었다면 이미 택시를 타 보았다고 말했을 것이다. 그들은 Uber를 상상하지 못했다.

듣고 배우기

사람들이 말하는 것을 이해하기란 쉽지 않다. 따라서 여러 가지 더 많은 주제보다는 당신의 아이디어에 대한 사람들의 생각을 듣기를 원할 것이다.
나는 스타트업이 메트릭스를 바탕으로 설립되어야 한다는 생각으로 이 책을 쓰기 시작했다. 데이터를 수집하고, 통계를 적용하고, 최적의 솔루션을 발견할 수 있도록 모든 것은 검증될 수 있다.

◎ 강력한 엔지니어링 기술을 보유하고 여러 스타트업을 설립한 3명의 창업자와 함께 메트릭스에 대해 이야기를 나누었다. 그들은 모두 "맞아, 우리는 그걸 시도했지만, 실제로는 잘 풀리지 않았다."라고 주장했다. 나는 그들이 제대로 하지 않았다고 생각했다. 물론 나는 그들의 경험을 무시했고 나의 이론이 좋았다고 생각했다.
그러나 최종적으로, 나는 그들이 주장한 것이 옳았다는 것을 깨닫게 되었다 : 메트릭스 기반 개발은 효과가 없다. 창업에 관한 많은 주요 저서에서 메트릭스에 대해 이야기하지만 메트릭스가 실제로 작동하지 않는 방법에 대해서는 설명하지 않는다.

창업서류의 작성

고객 인터뷰를 마친 후에는 문제와 해결 방법에 대한 분명한 생각을 갖게 될 것이다. 이제 창업서류의 문서를 작성할 수 있는 단계다.

- 1쪽짜리 서류 : 한 페이지에 대한 비즈니스 요약
- 10쪽짜리 사업 계획. 이것은 한 쪽짜리 서류의 긴 버전
- 10쪽 피치 데크 : 이것들은 투자자를 위한 프레젠테이션으로 Power point 및 PDF 슬라이드 10매

이 책의 웹 페이지에서 창업기획서를 편집할 수 있는 1쪽짜리 서류 및 10쪽 피치 데크에 대한 템플릿을 다운로드 할 수 있다. BPlan.com에도 수백 종류의 사업계획 모델이 있다.

팀의 모든 사람이 사용할 수 있는 공유 폴더에 이 문서를 올려놓아라. 키 체인에 달고 다닐 수 있는 작은 USB 드라이브와 휴대전화 메모리의 폴더에 넣을 수도 있다.

자신 있게 자신의 사업계획을 발표할 수 있을 때까지 반복해서 연습해야 한다.

🎯 많은 경험을 가진 창업자들 대부분은 10쪽 또는 60쪽의 사업계획서를 작성하지 못한다. 너무 많은 시간을 여기에 쏟지 마라. 많은 것들이 빠르게, 그리고 많이 변하기 때문에 몇 주가 지나면 쓸모 없는 것이 될 수 있다. 이런 일들이 시간 낭비일 수 있는 이유다.

엘리베이터 피치

한 층에서 다른 층으로 엘리베이터를 타고 가는 짧은 시간에 자신의 아이디어를 전달하기 때문에 엘리베이터 피치라는 이름이 생겨났다.

그러나 대부분의 엘리베이터 피치는 길고 어색한 문장을 사용한다. "우리는 역동적인 수직을 활용합니다."처럼 말이다. 아무도 이 말의 의미를 모르고 또 아무도 신경 쓰지 않는다.

피치 이벤트에서 어떤 사람은 "당신은 의료기록 자료를 공개하나요?"라고 말할 때까지 기업 클라우드 공간에 있는 바이오 데이터를 저장하고 공유하는 것에 대해 2분 동안 설명했다.

더 나은 해결책은 '할머니 피치'이다.

할머니 피치

핵심 아이디어 : 할머니 피치는 '당신의 할머니가 스타트업에 대해 나의 할머니에게 말하는 것'이다.

할머니가 사용할 수 있는 단순한 3~4개의 단어를 가지고 서너 마디 말로 바꾸어라. 그것은 문장이 아닌 말로 해야 한다. 나는 이것을 할머니 피치라고 부른다.

- 당신이 무엇을 하고 있다고 생각하는지 할머니에게 물어보았을 때 "너는 '게임 보이'에 시간을 낭비하고 있어! 진짜 일을 해라!"라고 말한다면, 당신은 할머니가 정직하다고 느낀다. 그리고 "자니, 그 애는 사람들이 쉽게 지갑을 열도록 해."라고 말하면 좋은 문구가 될 수 있다.
- 사람들이 당신을 다른 사람들에게 소개하고 또 당신의 이런 말을 사용한다면 좋은 할머니 피치를 가졌다는 것을 알 것이다. "제니, 자니를 소개시켜줄게. 그는 사람들이 쉽게 다른 사람들을 위해 돈을 쓰게 하는 능력이 있어."
- 평이한 말로 설명함으로써 사람들이 쉽게 말하고 쉽게 다른 사람에게 전할 것이다. 이것이 바로 바이러스 성 전파(virality)를 하는 것이다.

실리콘 밸리에는 "X for Y"라는 재미있는 표현이 있다. 이건 할머니 피치를 위한 것이다. X는 누구나 이해할 수 있는 잘 알려진 대기업이고, Y는 모두가 이해하는 하나의 명사다. 예를 들면, 파티용 AirBnB나 개들을 위한 Facebook, 고양이를 위한 LinkedIn이 있을 것이다. 아이디어가 부족하다면 ItsThisForThat.com을 찾아보라. :-)
할머니 피치에 대해서는 goo.gl/Nb3u0A를 참조하면 좋겠다.

할머니 피치를 테스트하기 위한 광고용어를 사용하라

당신의 창업을 설명하는 여러 가지의 피치문구를 가지고 있다면, 구글에서 테스트하여 최상의 문구를 다음과 같이 찾을 수 있다.

- 애드워즈에 광고 그룹을 만든다.
- 하나의 키워드만 사용하고 트래픽이 가장 많은 관련 키워드를 사용한다.
- 할머니 피치 광고를 만든다. 5개의 어구가 있는 경우 5개의 광고를 만들되, 모든 의미는 동일해야 하며 광고의 본문은 달라야 한다. 피치 메시지를 광고의

본문에 넣어라.
- 광고 최적화를 해제하고 광고 로테이션으로 설정하라.
- 각 광고에 대해 1,000 회 이상의 반응이 있을 때까지 주요 공휴일을 빼고 1주일 동안 계속하라. 광고의 CTR(클릭 율)을 보고 최상의 광고를 선택하라.
- 어느 광고가 클릭이 가장 많이 발생하는지 볼 수 있다.

±3%의 통계적 신뢰를 얻으려면 광고 당 1,000회 이상의 노출이 필요하다.

첫 고객 잡기

첫 번째 고객은 물론 자신의 팀이다. 당신의 팀은 제품이 사용할 가치가 있는지 확인하기 위하여 '시제품 사용해보기(dogfooding)'를 시작해야 한다. 구글은 출시 전에 직원들 간에 제품을 광범위하게 테스트 한다고 한다.

다음은 스타트업 주변의 사람들이다. 고문, 계약자, 투자자 등이 그들이다. 그들에게 제품을 시험적으로 사용하게 해보는 것이 좋다.

마지막으로 인터뷰 한 사람들에게 제품을 제공하라.

작은 그룹부터 시작하라. 당신은 충분한 피드백을 원하지만 고객 지원에 너무 많은 시간을 할애하지 않아야 한다. 처음에는 수익에 대해 걱정하면 안 된다. 무료 또는 약간의 요금으로 처음 몇 가지 버전을 제공하라. 이 시점에서 피드백과 노출은 더 가치가 있다.

Google Adwords 및 Facebook에서 디지털 광고를 사용하여 잠재 고객을 만나도록 하라. 잠재 고객이 등록할 수 있는 웹 사이트나 뉴스레터에 가입하거나 제품을 다운로드 할 수 있게 하면 된다.

당신의 고객은 당신의 제품에 대해 다른 사람들에게 전달할 것이다. 고객들에게 제품에 대한 평가를 요청하라. 고객들에게 당신의 웹 사이트, 당신의 Facebook 페이지, 그들의 웹 사이트 및 Facebook 페이지에 사진과 비디오를 게시하라고 요청하라.

당신이 고객을 찾지 못한다면? 그 이유는 아마도 제품의 이점을 명확하게 설명하지 못했기 때문으로 생각된다. 따라서 더 잘 설명해야 할 필요가 있다.

그러나 여전히 고객을 확보하지 못한다면 사람들이 제품을 필요로 하지 않는다고 생각하는 것이 맞다.

🎯 많은 창업자들은 잠재고객 리스트를 찾아서 전화를 했다. 이는 효과가 있을 수도 있고 없을 수도 있지만, 시도해 보면 알게 될 것이다. 먼저 100명의 고객리스트에 전화를 걸고, 그것이 효과가 있는지 확인하라.

더 많은 아이디어

당신은 처음 아이디어에 집착할 필요가 없다. 만약 당신이 유럽, 남미, 아시아 또는 아프리카에 있다면 성공적인 실리콘 밸리 스타트업을 보고 해당 아이디어가 해당 국가에서 효과가 있는지 확인해 보라.

실제로 효과가 확인됐다. 오스트리아의 Sanwer 형제는 유럽에서 실리콘 밸리 회사를 모방했다. 심지어 전체 웹 사이트를 모방하다시피 했다. 팀을 만들어 이 복제품을 관리했는데, 그 회사는 지금 10억 달러의 가치가 있다고 알려졌다.

투자를 받고 3년 이상 지속된 실리콘 밸리 회사를 찾아보라. 그 회사가 잘 경영되는지 안 되는지 알아내어, 당신의 나라에서 이 아이디어를 향상시키고 더 잘 만들 수 있는지 알아보는 것도 방법이다.

세계에서 가장 큰 회사 중의 하나인 중국의 Baidu 및 Alibaba가 있다. 둘 다 실리콘 밸리 회사를 모방했다. 그리고 둘 다 수십억 달러의 가치가 있다. 실은 구글 자체도 다른 사람의 아이디어를 모방한 것이다.

광고로 돈을 벌기 위해 창업을 하는 것은 좋지 않다. 대부분의 온라인 미디어 사이트는 실제로 거의 돈을 벌지 못한다. 내 블로그에 광고 수익에 대한 데이터가 있으니 참고가 될 것이다.(goo.gl/qus97T 참조).

아직 부족한가

아직도 어디에서 창업을 시작해야 할지 모르는가? 지금은 AI, 로봇, 기계학습이 빠르게 진행되고 있다. 지난 몇 년 동안 마이크로소프트, IBM, 구글, 페이스북, 세일즈포스 등이 130개 이상의 AI와 기계학습 스타트업을 인수했다.(구글이 5억 달러를 지불했다.) 옥스퍼드대학교(University of Oxford)의 Carl Benedikt Frey와 Michael Osborne박사는 일자리의 47%가 자동화 될 수 있다고 추정한다. (https://goo.gl/DdYWGK 참조) 다음 일자리가 포함된다 :

- 텔레마케터
- 제목 심사관, 초록 및 검색작업자
- 수리적인 기술자
- 보험업자

이들의 연구에 나타난 702개의 직종에 대한 순위표를 참고(57~72 쪽). 위에 열거한 작업을 자동화하는 스타트업을 만들 수 있다. 문서로 작업하는 회사를 찾아라. 직업을 고르고 사람들과 인터뷰하여 비효율을 파악하기 위하여 사람들을 인터뷰하라. 그리고 개선할 수 있는 솔루션을 개발하여 빈 구석을 찾아서 채우는 일을 하라.

좋은 제품 개발은 바이러스처럼 성장한다

바이러스 배포, 바이러스 마케팅, 바이러스성, 네트워크 효과는 같은 것을 여러 단어로 표현한 것이다. 사람들이 다른 사람들에게 말하고, 그들이 또 다른 사람들에게 전한다. 이러한 효과는 스스로 자라나는 바이러스처럼 빠르게 성장한다.

바이러스성 전파(virality)에는 두 가지 종류가 있다.

- 감정적인 전파(virality) : 긍정적이거나 부정적인 감정에 호소하는 것은 매우 빠르게 성장할 수 있다. 그러나 정점이 지나면 빠르게 붕괴되기도 한다. Pokémon과 Susan Boyle이 그 좋은 예일 것이다.
- 실용적인 전파(Utility virality) : 일반적으로 사용자가 문제를 해결하면 친구와 공유한다. 이것은 천천히 시작하여 빠르게 퍼진다. 유용하기 때문에 사람들은 오랫동안 그것을 사용할 것이다. 가장 좋은 예는 이메일이다.

실용성을 기반으로 한 또 다른 전파성의 예로 Dialpad가 있다. 1998년 Dialpad는 최초의 무료 웹 기반 장거리 전화를 제공했는데, 이는 Skype 이전이었다. 그것은 역사상 가장 빠르게 성장하는 웹 사이트였으며 웹상에서 최고의 사이트 중 하나가 되었다. 나는 Dialpad의 디지털 마케팅 책임자였는데, 아무도 바이러스성 전파를 경험하지 않았기에 왜 그렇게 빠르게 성장하는지 알 수 없었다. 사람들이 자유롭게 전 세계에서 장거리 통화를 할 수 있기 때문에 급성장을 했다.

Stanford, Wharton, Copenhagen 및 다른 여러 나라 대학의 교수들은 왜 바이러스처럼 확대되는지를 연구했다. 내 블로그에는 바이러스성 마케팅에 대한 학술연구 기사 모음이 있다.(goo.gl/WLWcWK로 이동)

바이러스성 증대하기

당신의 제품이 유용하다면 사용자들에게 수정같이 투명한 단어로 왜 이익이 되는지 반드시 알려주어야 한다. 그것을 알아내거나 추측하게 하지 마라. 이러한 메시지는 구글 애드워즈에서 테스트 할 수 있다. 다른 사람이 당신의 제품에 대해 쉽게 이야기할 수 있게 함으로써 바이러스성을 증대시킬 수 있다. Facebook, Twitter 등의 click-to-share 버튼과 이메일 보내기 버튼을 추가하라.

공유 장벽을 낮추어야 한다. 웃긴 고양이 동영상은 유튜브 URL만 복사하면 됨으로 바이러스성이 확대된다. 신규 사용자가 등록 양식을 작성하고 패스워드를 입력해야 하는 경우 등록하는 사람이 줄어든다.

소개하는 쿠폰을 제공하여 전파성을 증가시킬 수도 있다. 신규 사용자가 가입하면 10% 할인해 준다. 보낸 사람과 받는 사람 모두 추천 쿠폰을 받는 "이중 연결고리 추천(double-loop referral, 그렇다, 루프라는 이름은 별로다)"을 사용할 수 있다. Uber를 사용하도록 초대하면 초대자나 초대받은 사람 모두 무료로 탈 수 있다.

비디오도 좋은 방법이다. 사용자에게 유익한 제품과 함께 2~3분의 짧은 동영상을 만들어 Youtube, 웹 사이트 및 모든 소셜 미디어 프로필에 게시하면 그 전파성의 흐름을 탈 수 있다.

빠른 전파성이 없다면 어떻게 해야 하나?

바이러스성이 없으면 사용자는 솔루션이 가성비가 낮다고 생각한다. 이 경우 영업 및 마케팅시스템을 사용한다. 마케팅은 사람들에게 필요하지 않은 물건을 사도록 확신시키는 방법이다.

실제로 마케팅이 효과가 있나?

Whiners는 마케팅이 효과가 없다고 말한다. 세상 사람들은 효과가 있다고 한다. 1조

달러 규모의 고급 소비자 시장은 마케팅을 통해 창안되었다.
바이러스성 제품을 구할 수 없다면 경험 많은 마케팅 담당자를 고용해 소비자를 찾고 수요를 창출할 수 있다.

🎯 마케팅 도구는 국가에 따라 다르다. 한 국가에서 사용할 수 있는 것이 다른 나라에서는 불가능한 경우가 많다. 예를 들어 구글과 페이스북은 미국에서는 작동하지만 중국에서는 작동하지 않는다. Google Play 앱 스토어는 중국에서 사용할 수 없다. 대신, WeChat처럼 소셜 네트워크를 통해 사용자에게 연결되는 타사 앱 스토어가 있다. 이러한 매장에서는 게임에 대해 이야기하는 잡지와 같은 페이지를 만들었다.

메트릭스와 KPI는 어떠한가?

메트릭스와 KPI(Key Performance Indicator; 전략적 목표달성지수)는 창업씨앗단계에서 도움이 되지 않는다. 고객을 인터뷰하고, 문제를 발견하고, 솔루션을 개발하고, 초기 투자자를 확보해야 한다.

🎯 일부 투자자는 매주 메트릭스 보고서를 원한다. 그들은 보고서를 준비하는 데 2~3시간, 배달에 1시간, 후속 조치를 위해 1시간이 걸린다는 사실을 깨닫지 못하고 있다. 일주일은 100시간 밖에 되지 않으므로 가치를 창출하지 못하는 것에 한 주의 5%를 낭비하는 것이다. 투자자에게 이를 설명하고 매월 메트릭스 보고서를 받아들일지 확인해야 한다.

창업자의 스타트업

창업자들에 의한 스타트업 사례 :

Scott Stouffer, 공동설립자. MarketBrew는 AI 기반 검색 엔진 모델링 소프트웨어이다. 전 세계 최대 마케팅 팀 중 일부는 MarketBrew를 사용하여 웹 사이트를 변경하고 Google의 페이지 검색 순위를 예측하는 데 사용한다. MarketBrew.com에 가 보라.

- Virginie Glaenzer, 공동설립자. SoHoplace는 프리랜서가 최상의 삶을 영위하고 창조할 수 있는 주문형 지역 사회 환경이다. 뉴욕에 본사를 두고 있으며 파트너 및

부동산 소유자를 찾고 있다. sohoplace.net에 가 보라.

요약

창업자와 투자자가 시장을 알고 있다고 자만하기 때문에 얼마나 많은 회사가 도산했는지를 알면 놀라울 일이다. 이런 일은 실리콘 밸리에서 계속 일어나고 있다.

잠재 고객과 대화를 통하여 그들이 하는 일과 직면한 문제에 대해 질문하라. 그들은 왜 좌절하는지 말해 줄 것이다. 이는 좋은 솔루션을 개발할 수 있는 기회를 제공해 준다.

나머지 일은 쉽다. 문제를 해결하는 방법을 찾아내고 프로토 타입 제품을 개발한 다음 실제로 문제가 해결되는지 테스트한다. 성공하면 투자자가 프로젝트 자금을 지원할 것이다.

이러한 솔루션은 기존 시장에 적합하기 때문에 작동한다. 문제를 해결하는 지름길이다.

05 제품 개발
Develop Your Product

전통적인 스타트업

1960년대부터 2010년대 초반까지 실리콘 밸리의 스타트업은 아주 작은 회사였다. 그게 무슨 뜻이냐고? 1990년대 초반 나는 스타트업 30여 곳에서 일했다 : 우리는 사무실 공간을 빌려서 칸막이를 만들고, 시스템 관리자를 고용하고, 서버를 구입하고, 판매, 마케팅, 접수 및 인사 담당자를 고용했다. 우리는 생산, 창고 보관, 마케팅, 판매, 유통 및 거래를 실행했다. 또한 지원, 제품 반환, 수리 등도 있었다. 이 모든 것은 10명에서 20명이 수행했다. 이들 중소기업은 대기업과 동일한 업무를 수행해야 했기에 바빴다. 이 모든 것이 2000년대 초반에 변화하기 시작했다.

실험적인 창업으로 변화

스티브 블랭크(Steve Blank)는 〈The Four-Steps to the Epiphany(2005) ; 4단계 에피퍼니(구세주의 공현)〉를 썼고, 이어서 에릭 리스(Eric Ries)가 〈The Lean Startup ; 창업의 변화〉을 2011년에 썼으며 스티브 블랭크는 다시 〈The Startup Owner's Manual(2012) ; 창업 매뉴얼〉이라는 책을 냈다.

이 책들은 실리콘 밸리의 스타트업을 이해하는 방법을 바꾸었다. 그들은 스타트업이 회사가 아니어야 한다고 주장했다. 대신에, 창업이란 아이디어가 비즈니스가 될 수 있는지를 발견하는 프로세스여야 한다고 했다.

이것이 중요한 포인트다. 초기 단계의 스타트업은 제품 개발에 주력해야 한다. 마케팅 및 판매와 같은 수익 활동을 해서는 안 된다.

이론인가, 아니면 실제 가능한가

스티브 블랭크와 에릭 리스의 저서는 "사무실에서 나와 고객과 이야기해야 한다"고 말하는데, 이게 바로 내가 여러 창립자와 인터뷰하여 얻은 것들이다,

◎ 나는 이 책을 쓰기 위해 많은 창업자들을 인터뷰했다. 그들에게 약식 스타트업과 에릭 리스의 책 〈창업의 변화〉에 관한 아이디어와 그의 책에 대해 물었다. 3명의 창립자가 그의 책을 읽었고 2명은 그것을 훑어보았다고 했다. 어떤 사람들은 그러한 책을 알지만 그것을 읽지 않았다. 대부분의 사람들은 그것에 대해 몰랐다. 그래도 대부분은 창업의 변화에 대한 개념을 들어본 적이 있다고 했으며, MVP(Minimal Viable Product; 최소한의 실행 가능한 제품)를 포함하는 몇 문장으로 설명할 수 있었다. 고객에 대한 인터뷰가 여러 차례 있었는데, 대부분의 사람들은 자신의 제품이 잘 나갈 것이라는 감각으로 제품을 제작하고 출시했다.

◎ 여기에는 자금 지원을 받는 스타트업도 포함된다. 투자자들은 일반적으로 북한의 미사일 전략(제작, 발사, 성공기도)을 사용한다. 일부 투자자들은 검토를 했지만 대부분은 투자를 하지 않았다. 투자자들은 그 아이디어가 좋을 것이라고 느꼈고 일부 투자자는 창업자에 대한 세부심사를 실시했으나 제품이나 시장조사는 수행하지 않았다. 그들의 연구는 주로 시장 규모(매출, 사용자 수) 및 경쟁사 순위에 대한 전통적인 MBA 방식이었다.

◎ 일반적으로 창업자들은 대부분의 투자자가 측정기준을 이해하거나 신경 쓰지 않는다고 말했다. 그들은 단지 성장 및 수익에 대한 숫자를 원했다. 다른 측정 항목을 무시했다. 일부 투자자들은 네트워크 효과를 이해하지 못했다. 일부에서는 월별 메트릭스 리포트가 스타트업의 사업 진행이 제대로 되고 있다는 것을 투자자에게 안심시키는 것이라고 말했다.

◎ 다년간의 경험을 쌓은 어떤 창업자는 대부분의 스타트업들이 문제를 해결하려고 노력하지 않는다고 말했다. 그들은 무언가를 만들고 주변에서 무엇이 해결하고 누가 투자를 할 것인지 둘러보고 있다고 한다.

◎ 또 다른 창업자는 '린 스타트업(lean startup)'에 관한 다양한 책들을 알고 있었다. 그는 이것을 사업에 적용하려고 했지만 효과가 없다고 말했다. 만들고 점검하고 배

우는 BML(Build-measure-learn) 방식은 당신에게 방향을 제시하지도 않고 무엇을 해야 할지를 알려주지도 않는다. 위험한 점은, (스타트업을) 잘못된 방향으로 시작하면 BML을 통해 잘못된 방향으로 최적화 할 수 있고 일단 경로를 따라 가면 빠져 나오기가 거의 불가능하다는 것이다.

🎯 많은 창업자들은 어떤 책도 읽지 않았거나 스타트업 전략이 없다고 말했다. 대부분은 바로 스타트업에 뛰어 들었다. 3~4번째 창업을 한 창업자도 그것에 대해 생각하지 않았다. 그들은 고객으로부터 아이디어를 얻어 바로 시작했다. 일부는 통계자료를 바탕으로 개발하려 했지만 이를 적용하는 방법을 알지 못했다.

🎯 또 다른 창업자는 플랫폼을 구축하고 있었다. 우리는 '린 스타트업' 이론에 대해 이야기했는데, 그는 개념을 알고 있었지만 적용할 수는 없었다고 말했다. 툴 또는 앱을 제작하는 경우 시제품을 만들고 사용자와 함께 테스트하고 피드백을 얻을 수 있다. 그러나 인프라(예 : 새로운 프로그래밍 언어)의 경우 부분적으로 툴을 테스트 할 수 없다. 사용자는 피드백을 보내기 전에 기술과 응용 프로그램을 이해해야 한다. 고급 개발자만이 이를 수행할 수 있다.

🎯 여러 창업자는 제조부문 또는 의료기기에서 생산주기가 6개월에서 12개월이 걸릴 수 있으며 수십만 달러가 들기 때문에 무언가를 시도한 다음 버릴 수는 없다고 말했다. 그들은 또한 복잡한 제품에 대해 대부분의 사용자로부터 의미 있는 피드백을 얻을 수 없다는 사실을 발견했다. 유용한 피드백을 얻으려면 소수의 전문가와 몇 주 또는 몇 달을 보내야 한다.

🎯 나는 창업자들에게 메트릭스에 관해 물었다. 10년간의 경험을 가진 한 창업자는 3번째 스타트업인데, 당시 6개월 전 KPI(Key Performance Indicators ; 핵심성과지표)에 대해 들었다고 했다. 몇몇 창업자는 어떤 지표도 사용하지 않았다. 일부 창립자는 측정 기준과 직감의 조합을 사용했다. 다른 창업자는 측정 항목을 사용했다.

🎯 한 창업자는 게이밍과 같은 웹 및 모바일용 소규모 소프트웨어 제품에 대해서는 메트릭스가 매우 잘 작동한다고 말한다. 이러한 메트릭스는 많은 사용자를 신속하게 확보하여 많은 양의 데이터를 가져와서 변경 작업을 수행할 수 있기 때문이다. 게임은 숫자 게임이다. 사용자, 일일 트래픽, 보존, 변동, 게임 내 지불, 고객 당 수익 등의 데이터를 얻는다.

🎯 다른 창업자는 그가 판매를 위해 KPI를 사용하고 있지만 개발에는 사용하지 않는다고 말했다. 그의 팀은 코드의 품질이나 업무 속도에 보너스를 줄 수 있도록 KPI를 개발하려 했지만 그 문제를 해결할 수 없었다.

🎯 대부분 처음 창업자는, 공동설립자를 포함하여 고객과의 대화, 제품 개발, 법인 설립, 변호사, 자금조달 등 모든 것을 시작하는 방법을 배우는 것이 어려웠다고 했다. 그들은 실전 테스트나 메트릭스를 할 시간이 없었던 것이다.

🎯 여러 창업자들은 대부분의 스타트업 도서가 일반적으로 성공적이고 부유한 창업자("내가 4주 동안 억만장자가 된 비법" 등)에 의해 쓰여졌기 때문에 다른 보통사람들에게 실제로 있을 수 있는 이야기는 아니라고 말한다. 대부분의 창업자들은 많은 좌절감, 의구심, 고립감을 경험한다.

🎯 그런데 25세 미만의 많은 창업자들은 결코 책을 읽지 않는다고 말했다. 그들은 블로그를 읽거나 팟 캐스트를 들었다(그래서, 이 책의 섹션을 블로그 기사 및 오디오로 게시할 생각이다).

🎯 나는 또한 액셀러레이터의 책임자들과 인터뷰했다. Founders Space는 많은 분야에서 1300개 이상의 스타트업을 호스팅했는데, 그들은 스타트업에 대한 일반적인 전략이 없다고 말했다. 모든 스타트업은 고유하며 해결해야 할 과제가 있다. 그것은 팀, 위치, 기술, 산업 등에 따라 다르다.

스티브 블랭크와 에릭 리스의 핵심 아이디어는 훌륭하다. 스타트업은 미니어처 기업이 아니다. 스타트업은 실행 가능한 비즈니스를 발견하는 프로세스이다. '고객이 실제로 무엇을 하는지 배우는 것'을 의미하는 '사무실에서 나오기'라는 아이디어도 좋다. 나머지는 유용하지 않다.

6개 중점 항목

이건 매우 간단하다 :
- 시간이나 돈을 요하는 문제를 찾기 위해 고객을 인터뷰 하라.(다음 장에서 다룸)
- 문제와 해결책에 대한 스토리 보드를 작성하라.
- 스토리 보드를 코드로 변환하라.
- 투자자에게 고객이 실제로 문제가 있다는 것을 보여 주고 이 솔루션으로 시간과 돈을 절약할 수 있다는 것을 보여주라. 그들은 당신에게 자금을 제공할 것이다.
- 자금을 손에 넣으면 합법적인 것을 통합하고 처리한다.
- 고객은 시간과 돈을 절약할 수 있기 때문에 다른 사람들에게 제품에 대해 알릴 수 있다. 사업은 바이러스처럼 커 갈 것이다.
- 창업 씨앗심기 단계에서 비즈니스 성장에 중점을 둔 중간 단계 창업으로 전환한다. 즉, 마케팅 및 판매를 구축하고, 고객을 확보하며 수익을 처리한다.

고객과 대화하여 문제를 찾아내고 이러한 문제를 해결할 제품을 개발하는 창업자 팀을 만들어라.

금기 사항

초기 창업단계에서 하지 말아야 할 것 :
- 큰 팀을 구성하지 마라. 생산, 직원, 마케팅, 영업, 고객 및 관료주의를 추가하면 변화하기가 더 어려워진다. 이러한 활동에는 많은 시간과 노력을 들여야 하는데, 이 말은 당신이 제품을 개발하지 못한다는 것을 뜻한다.
- 성장을 좇지 마라. 투자자는 성장할 것을 강하게 압박할 것이다. 초기 단계의 스타트업은 성장이 아니라 제품개발을 해야 한다.

- 돈을 좇지 마라. 돈을 위해 투자자를 데려 오면 회사가 추구하는 바와 일치하지 않을 수 있다. 그들은 매출과 이용자 늘리기에 중점을 둘 것이고, 이는 제품개발에 전념하지 못하게 하는 방해요소가 될 것이다.
- 비즈니스 전략을 수행하기 위해 MBA 출신을 채용하지 마라. 그들은 대기업을 관리할 수 있도록 훈련을 받았기에 소수의 설립자와 고양이 한 마리 정도로 구성된 작은 스타트업에게 대기업 방식을 적용하려 할 것이다. 예를 들면, 고객 프로필, SWOT, 시장분석, 사업개발, 사분면 및 TAM(Total Addressable Market; 전체 접근 가능 시장) 등의 방법이 포함된다. 이런 방식의 사고는 당장 집중해야 할 제품개발에 방해만 되는 요소들이다. 신생 씨앗심기 단계 기업은 빠르게 변화하기 때문에 60페이지의 비즈니스 전략이 일주일 안에 쓸모없게 된다. 어쨌든, 투자자가 TAM을 알고 싶다고 하면 "2016년 _____(당신의 시장을 적으라)에 대한 수익"에 대한 검색을 바로 실행하고 투자자들을 행복하게 만들어라.

훌륭한 제품을 개발한 후에는 이러한 모든 작업을 수행할 수 있다. 당신은 대기업에 1000만 달러를 받고 벤처기업을 매도하고, 그들은 단 하나의 이름을 가진 키 큰 은빛 머리의 CEO와 한 무리의 아이비 리그 출신 MBA팀을 데려올 것이다. 그들이 회사를 망하게 하든지 말든지 그냥 둬라. 당신은 1,000만 달러를 가지고 다른 창업할 것을 찾아 이동하면 된다.

🎯 많은 창업자들이 기술을 직접 개발할 수 있어야 한다고 말했다. 그것이 시장과 제품을 진정으로 이해하는 유일한 방법이다. 손으로 제품을 개발함으로써 처음부터 더 나은 방법을 알 수 있다. 어떤 경우에는 계약자들을 고용할 수 있지만 그들이 하는 일을 이해하고 있어야 한다. 한 스타트업은 웹 사이트, 판매 플랫폼 및 데이터베이스를 구축하는 일을 어떤 회사에 맡겼다. 3개월 후, 그들에게 판매가 없었다. 그들은 데이터베이스 전문가에게 코드를 검토하게 해 그 데이터베이스가 가짜임을 확인했다. 이번 실수로 회사가 거의 부도날 뻔하였다.

🎯 투자자들은 당신이 기술을 개발할 수 있는지 묻는다. 어떤 사람은 "왜 이 아이디어

를 개발하는 데 당신이 이상적인 팀인가?"하는 질문을 받았다. 당신이 그것을 수행할 수 있는 지식, 기술 및 경험이 있음을 보여주라.

바보처럼 배워라. 그리고 작은 규모를 유지하라.

스티브 잡스(Steve Jobs)가 말한 "바보처럼 배워라(stay foolish)"와 함께 가능한 한 "작은 규모를 유지(stay small)"해야 한다. 이를 통해 더 나은 제품을 만들 수 있다. 몇 사람으로 시작하면 쉽게 사업방향을 바꿀 수 있다. 나는 4일 동안 3번이나 바꾼 (pivoted) 스트타업과 일하고 있다. 어쨌든 피봇(pivot)은 프랑스어이고 그것은 '회전' 을 의미한다. 당신이 방향을 바꾸라고 말하는 색다른 방법이다.

◎ 스타트업을 하는 사람들은 제품을 만드는 것을 좋아한다. 그들은 시간과 감성과 일을 제품에 담기 때문에, 얼마 동안은 피드백을 듣고 싶지 않고 또 듣지 않는다.

◎ 이것은 액셀러레이터와 흔히 문제를 야기한다. 많은 스타트업이 액셀러레이터와 함께 시작할 때에는 이미 개발방향 검토를 거쳐 제품이 설정되었다. 최상의 아이디어가 아니거나 문제가 있는 경우에라도 그들은 듣고 싶지 않고 바꾸기가 어렵다. 프로젝트 초기에, 프로젝트가 시작되고 개발의 윤곽이 결정되기 전인 경우는 발전적으로 변경 가능성이 더 많다. 개발이 적게 진행됐으면 개선의 기회가 커진다.

무엇을 만들 것인가

기업은 혁신이나 경쟁을 선호하지 않는다. 돈을 벌고 있는 기존 제품을 판매하는 것이 훨씬 쉽다. 직원들은 매일 같은 일을 해야 한다. 돈이 들어오는 한 그들은 바뀌지 않을 것이다.

일하는 공정은 일반적으로 시장에 충분히 적합할 때까지 개발된다. 이것은 기업 내에서 많은 비효율이 있음을 의미하며, 비효율적인 프로세스를 발견하고 비용이 매우 적절하다면 솔루션을 만들어 낼 수 있을 것이다.

당신은 혼란에 빠지거나 빛나는 새로운 것을 만들 수 있다. 그러나 이런 제품을 만드는 것은 어렵고 가능성이 낮다. 기존 문제를 쉽게 해결하는 것은 쉽다. 회사는 시간과 돈을 절약할 수 있기 때문에 구매할 것이다. 웹을 통해 글로벌 시장에 진출할 수 있다.

당신의 제품에 대한 시장은 있는가

제품/시장적합성(PMF)은 시장이 제품을 구매할 것인지 묻는 엉뚱한 방법이다.
'개 주인이 살 개밥'을 만드는 것은 아주 좋은 일이지만, 개 주인들은 당신의 고객이 아니다. 고객은 개인데, 그 개가 그 개밥을 먹을까?

분명해 보이지만, 시장을 연구하지 않고 제품을 만드는 것이 일반적이다. 실리콘 밸리 사람들은 매우 똑똑해서 시장이 원하는 것을 그들이 알고 있다고 생각한다. "만들어라, 사러 올 것이다"는 때로는 효과가 있지만 대부분은 그렇지 않다. Webvan, Iridium 및 그 외 다수가 10억 달러 잃는 재앙을 입었다.

CBInsight는 101개의 실패한 스타트업을 조사한 결과, 주요 실패 원인은 시장의 필요성 부재(42%), 돈 부족(29 %), 좋은 팀이 아님(23 %)이었음을 발견했다. 돈이 바닥이 난 것은 시장의 필요성 부재, 제품의 불량, 시장적응 실패 등이었다.

🔸 대부분의 스타트업은 개발을 시작하기 전에 비즈니스를 검증하지 않는다. 그들은 창업을 한다는 것에 흥분하고 개발에 뛰어 들었다. 6개월의 개발 기간이 지나 판매 준비가 끝나고 나서야 시장이 없다는 것을 알게 된다.

🔸 어떤 회사가 당신의 제품을 금지할 수 있는 시장에 뛰어들면 안 된다. 애플과 구글이 처음 수용한 앱을 만든 회사들에 따르면 1년 후 그들은 아무런 경고 없이 앱을 거부했다. 대기업 중 하나가 무료 앱을 출시하거나 당신이 개발한 앱에 새로운 기능을 추가해 내놓을 수도 있다. 어쩌면 대규모 소셜 사이트가 자주 변경돼 그 때마다 코드를 업데이트 해야 할지도 모른다.

🔸 투자자는 스타트업이 스스로 죽지 않는다고 말한다. 창업자가 열심히 일하지 않고 배우지 않거나 시장성이 없는 제품을 만드는 것과 같은 중대한 실수가 사업을 실패로 가게 만든다.

창업자의 스타트업

창업자들에 의한 스타트업 사례 :

- Brienne Ghafourifar, 공동설립자. Entefy를 사용하면 모든 장치에서 하나의 응용 프로그램으로 모든 통신, 검색 및 저장소를 완벽하게 통합할 수 있다. Entefy.com을 참조하라.
- Sandro Groganz, 창업자. 모든 도구를 하나의 도구로 관리하라. 독일에 본사를 두고 있으며 투자자를 찾고 있다. CampaignChain.com을 방문하라.

요약 : 이 책의 표지는 무엇으로 돼 있는가?

나는 서점, 잡지 판매대 및 도서관에 가서 수백 개의 이미지를 보았다. 그리고 웹에서 더 많은 이미지를 찾아보았다. 아마존에서도 많은 책 표지를 보았다. 우리는 약 15가지 책 표지 디자인을 찾아내었다.

표지는 창업에 대한 이야기를 하는 것이어야 하지만, 창업에 관해 생각할 때 어떤 이미지가 떠오르는가? 작은 사무실에서 일하는 한 무리의 사람들? 그러나 스타트업은 소규모 사무실에서 더 이상 일하지 않고 모두가 집에서 일한다.

고양이를 무릎에 놓고 있는 여인의 그림은 어떤가? 나는 많은 비난 메일을 받았는데, 그들은 개 애호가, 새를 사랑하는 사람, 흰 족제비 애호가, 문어 한 마리 또는 두 마리를 기르는 사람들이다.(물론, 이런 일은 일어난다. 나는 맹랑한 여자아이 카툰을 하나 그렸는데, 어떤 남자는 반 남성 성차별주의자라는 성난 이 메일을 보내오기도 했다.)

커버에 대한 몇 가지 아이디어는 IBM이 만든 것과 같이 매우 전문적이었지만, 20대 초반 창립자에게 보여 주었을 때 IBM과 닮았다고 했다.

스타트업이란 무엇인가? 당신이 시작한 것은 소수의 사람들만이 정말로 이해하며, 그것은 계속 변화하는 것이다. 혼돈의 독창성. 그래서 추상적 표현주의를 살펴보기 시작했다. 표지에 있는 글자는 무엇인가? 스타트업이 중요한 것이 아니라 제품이 중요하다. 스타트업을 보지 않고 제품을 봐야 한다. 그래서 관광객들이 실리콘 밸리를 방문할 때 실망한다. 볼 것이 없다고 한다. 그래서 나는 편지를 잘라 구멍을 만든다.

아마 이것은 당신에게 의미가 있을 수 있고 없을 수도 있다.

06 법률적인 일들 *Legal Stuff*

이 책의 나머지 부분은 법적 문제, 자금 지원, 회계, 재정 등에 관한 내용인데, 사실 재미없다. 이 일은 최소로 필요한 일만 해야 한다. 몰두할 일은 절대 아니다. 대신 고객이 원하는 것을 파악하고 훌륭한 제품을 만드는 데 집중해야 한다.

이 책의 시작 부분에서 내가 말한 것을 기억하라. 실리콘 밸리에 온 이유는 무엇인가? 실리콘 밸리에는 창업전문 변호사, 투자할 돈, 마케팅 방법이 있기 때문이다.

투자 받기 전에 법적인 사항을 먼저 정리해야 한다. 그래서… 변호사와 법적 절차를 협의하는 것이 먼저이고 그런 연후에 투자가 뒤따라야 한다. 대개는 그 반대의 절차를 따르고 있다.

간단히 말해서 회사를 설립하고, 팀원에게 주식을 분배하고, 그리고 투자자는 돈을 줄 것이며 마지막으로 당신은 회사를 처분할 수 있다.

이 장에서 나오는 모든 숫자는 예를 든 것이다. 페이지 숫자도 하나의 예이다. 모든 돈은 미국 달러이다. 창업을 할 때에 실제 숫자는 다를 수 있다.

첫째, 내 변호사와 내 고양이의 말씀

이 장에서 법적 권고를 하는 것은 아니다. 나는 변호사가 아니다. 창업자를 위한 법적 문제에 대한 개요를 알려드리는 것뿐이다. 따라서 직간접적으로 발생하는 어떠한 손실에 대해서도 책임을 지지 않는다.

이 정보는 정확하지 않고, 완전하지도 않으며 또 최신 정보라고 말할 수 없다. 하나의 법적인 예일뿐이니 중요한 것은 변호사와 상의해야 한다. 고양이에게 법적 자문을 요청하지 말아야 하는 것과 같다. 고양이는 고양이일뿐 변호사가 아니기 때문이다.

변호사 선정하기

첫 번째 질문은 '어떤 종류의 변호사를 원하십니까?'다. Wilson Sonsini나 Fenwick &

West 같은 큰 로펌을 원하는가, 소규모 법률 회사 중 하나를 원하는가?
큰 법률 회사에 소속된 변호사라면 매우 권위 있는 것처럼 보일 것이다. 그들은 구글, 페이스북과 같은 큰 기업과 일한다. 그들의 변호사 비용은 높으며 시간 당 1,000달러 이상을 청구할 것이다. 스타트업이 수십억 달러의 가치가 있을 때에는 시니어 파트너 중 한 변호사를 선정하면 된다. 그러나 작은 스타트업은 최근의 로스쿨 졸업생을 얻어야 할 것이다.

작은 법률회사는 큰 법률회사에 비해 비용이 적다. 하지만 경험이 풍부한 변호사가 업무를 처리해 준다. 변호사가 1~2인인 로펌에서 당신의 법적인 절차를 처리할 수 있을 것이다. 스타트업과 함께 일하는 변호사가 필요하다. 이들은 법인 설립, 주식 배분, 투자자, 고용 및 지적재산권(예 : 저작권, 상표 및 특허) 계약에 대해 잘 알고 있어야 하고 또한 세금 문제에 대해서도 알고 있어야 한다.

경험 많은 변호사는 다른 변호사 인맥, 벤처 캐피털, 투자자, 회계사, 많은 창업자와도 연결되어 있다.

나는 120개 이상의 스타트업을 다룬 변호사를 알고 있다.

의료보험 등을 다루는 변호사를 고용해서는 안 된다. 그들은 창업 세계에 익숙하지 않다. 초기 단계 스타트업을 이해하는 변호사를 찾아야 한다.

거의 모든 실리콘 밸리 변호사들은 첫 상담을 무료로 해 줄 것이다. 그래도 첫 번째 상담이 무료인지 확인하고 상담하는 게 좋다.

상담료는 법적보증서나 주식으로 지불할 수 있다. 또는 변호사의 청구서를 나중에 돈을 벌 때까지 연기할 수도 있다. 그러나 나중에 지불하는 경우 더 많은 돈을 요구 받을 수 있다. 나중에 큰 청구서 대신 작은 금액을 지금 지불하는 것이 더 나을 수도 있다.

변호사를 찾는 방법은? 이 책의 다른 모든 것들과 마찬가지로, 당신과 잘 아는 사람들과 먼저 상의하라.

그들이 좋아하고 신뢰하는 사람을 추천할 것이다.

🌱 실제 상담한 일에 대해 청구했는지 확인해야 한다. 어느 변호사가 한 창업자를 사무실 커피에 초대했다. 그들은 1시간 동안 이야길 나누었는데, 그 뒤 그 변호사는 400달러의 청구서를 보냈다. 그게 뒤에 논쟁을 불러일으킨 일이 되었다.

실리콘 밸리 밖의 변호사들

실리콘 밸리에서 일하지 않는 변호사의 큰 문제점은 스타트업에 대한 경험이 부족하고 실리콘 밸리와의 인맥이나 연결이 거의 없거나 전혀 없다는 점이다. 변호사들은 또한 설립 후 큰 기업이 되도록 이끌어 갈 것이다.

전 세계 어디에서나 실리콘 밸리의 변호사와 협력할 수 있다. 그들은 문자 메시지, 이메일 및 Skype에 익숙하다. 그들은 유럽과 이야기하기 위해 일찍 일어나 일하고 아시아 지역인 한국과 인도와 이야기하기 위하여 밤늦게까지 일한다.

창업자가 독일, 스페인 또는 중국에 거주해도 문제될 게 없다. 이메일과 Skype를 통해 모든 법적인 서류작업을 처리할 수 있다. 거주중인 국가의 웹을 통해 모든 문서에 서명할 수 있기 때문이다. 또한 프랑스나 한국에 있을 경우에도 비자 발급 및 세금 처리 방법을 도와 줄 수 있다.

실리콘 밸리에 와서 변호사와 한두 번 만나고 그 다음부터 Skype 또는 이메일을 통해 만나 일을 할 수 있다.

유럽의 창업자 몇 명이 실리콘 밸리 변호사를 만났을 때 놀랐다고 한다. 유럽 변호사는 뻣뻣하고 사무적인데 실리콘 밸리 변호사는 소탈하고 개방적이라고 한다.

자, 당신은 회사설립이 필요한가?

그렇다면 왜 회사 설립이 필요한가? 전통적으로 기업을 설립한다는 것은 책임을 지는 것이다. 예를 들어, 뜨거운 초컬릿을 어떤 여자에게 판매했는데, 그녀가 그것을 자신의 머리에 부어 화상을 입으면, 그녀는 당신을 고소할 수 있다(이것이 미국의 법률 시스템이 아주 좋은 이유이며, 누구나 아무에게도 고소할 수 있다).

당신이 차와 집, 그리고 개를 가지고 있고 그녀가 재판에서 이기는 경우에 당신의 차, 집, 그리고 개를 가져갈 수 있을 것이다. 당신이 할 수 있는 일은 "잘 가, 로버. 좋은 개가 되어야 해. 그녀를 물어 버려." 정도가 전부다.

그래서 당신이 회사를 설립하면, 당신의 핫 초콜릿 회사가 법적 체계를 갖게 된다. 그 고소인이 얻을 수 있는 것은 회사가 소유하고 있는 것뿐이다. 모든 것(핫 초콜릿 배달 자전거 포함)을 가져갈 수 있지만 당신의 집이나 개를 가져갈 수는 없다. 법인 설립은 개인 자산을 소송으로부터 보호하는 것이다.

그러나 이것은 창업 씨앗심기 단계에서는 별로 관련이 없다. 집에서 이 일을 하는 경우 주차장으로 찾아와 자신들의 코를 다치게 하는 방문자는 없기 때문이다. 따라서 부상 위험이 거의 없다고 봐야 한다.

스타트업에 대하여 투자자와 매입자는 다른 관심을 가지고 있다. 투자자는 쿠키 항아리가 아닌 기업에 돈을 투자하는 것을 선호하고, 매입자는 지적 재산을 소유한 회사를 인수하길 선호한다. 즉, 당신이 만드는 기업은 결국 투자자와 구매자를 위한 것이 될 것이다. 회사 설립은 서두를 일이 아니다. 더구나 첫날에 설립할 필요는 없다. 고객 인터뷰와 제품개발을 위해 몇 달을 보내는 것이 좋다. 누군가 투자할 준비가 된 파트너를 만나면 약 5일 이내에 설립할 수 있다.

핸드셰이크 신사협정으로 시작할 수 있는데, 서로를 신뢰한다면 괜찮은 일이다. 많은 스타트업은 처음 몇 달 동안 신사협정 기반으로 추진한다.

어쩌면 가장 잘 알려진 (신사협정) 사례는 SUN의 공동설립자인 Andy Bechtolsheim이 Larry Page와 Sergey Brin에게 10만 달러의 수표를 주었을 때일 것이다. 하지만 비즈니스 은행 계좌나 구글과 거래에서 사용할 법인이 없었기 때문에 현금화할 수 없었다. 그러나 서로 믿음이 가지 않는다면 서면합의서 작성이 필요하다. 팀은 해체될 수 있지만 어떤 사람이 아이디어를 계속 발전시키거나 또는 당신 없이도 추진할 수 있고, 그들이 아이디어를 훔칠 수도 있기 때문이다. 이러한 사례는 꽤 많은 스타트업에서 일어났으며 페이스 북이나 트윗에서도 확인할 수 있다. 변호사와 상의하고 당신의 아이디와 지적 재산권을 보호 받을 수 있는 기본적인 합의서를 준비해야 한다.

회사 설립하기

처음 창업하는 경우라면, 변호사와 협의해야 한다. 시간을 절약할 수 있고 우선해야 하고 중요한 일에 집중할 수 있기 때문이다. 이런 작업을 몇 번 하고 나면, Nolo 또는 Clerky와 같은 온라인 서비스를 통해 회사를 설립할 수 있다. 그 웹 사이트에는 FAQ가 많이 실려 있으니 참고할 수 있다.

세금이 부과되는 방식에 따라 4종류의 기업을 설립할 수 있다.

- C-Corp : C-Corp가 소득을 얻고 세금을 낸다. 소유주가 내는 것은 아니다.
- S-Corp : S-Corp에서 소득은 법인을 거쳐 소유자에게 전달되므로 S-corp는

세금을 내지 않고 소유자가 세금을 낸다. 이것이 S-corps가 "pass-through entity(실체를 통한)"라고 불리는 이유다.
- LLC(Limited liability Company) : 유한책임회사. 파트너들을 위한 하나의 S-corp으로 유한 책임을 진다.
- PLLC(Professional limited liability company) : 이는 의사 및 변호사와 같은 전문 파트너십을 위한 기업이다.

기업의 설립은 캘리포니아 주, 앨라배마 주 등 50개 주 어디에서나 할 수 있다. 그러나 대부분의 실리콘 밸리에서 회사설립은 델라웨어 주에서 한다. 델라웨어 법원의 판사들은 기업법 전문가들이다. 또한 델라웨어의 회사법은 대부분의 미국 로스쿨에서 배우기 때문에 변호사들은 델라웨어 법을 잘 알고 있다.

그래서 델라웨어에서 회사(C-corp)를 설립하는 것이 좋다. 다른 주에서 설립하면 문제가 발생할 수 있다. 투자자와 매입자는 다른 주 법에 익숙하지 않아 투자하지 않을 수 있기 때문이다.

사람들은 실수를 저지른다. 마크 저커버그(Mark Zuckerberg)도 플로리다에 페이스북을 설립했는데 그가 더 나은 방법을 몰랐기 때문에 한 실수다.

변호사를 통한 회사의 설립비용은 약 1,500~2,000달러 정도다. 온라인으로 설립 시에는 500달러 정도지만 변호사를 통해 협력하는 게 좋다. 변호사의 경험과 네트워크의 이점을 누릴 수 있기 때문이다. 실리콘 밸리 변호사는 대부분 고객으로 80~100개의 스타트업 고객을 보유하고 있어서, 이 네트워크를 통하여 임원, 고문, 고객, M&A, IB 및 당신의 스타트업을 사줄 수 있는 회사를 소개할 수 있다. 당신의 자문역과 이야기하여 변호사를 찾을 것을 권한다.

투자자가 돈을 투자하고 싶거나 회사를 팔고자 하는 경우, 변호사는 법인설립 서류 부본을 원한다. 화재에 대비하여 서류 부본을 만들어 두 곳에서 별도 보관해야 해야 한다.

이사회 열기

당신의 회사 설립신청이 승인되면 델라웨어 주에서 승인통보를 해준다. 그런 다음 이사들과 이사회를 개최하고 이사회는 회사의 중요 안건에 대한 결정을 내리게 된다.

이것은 그리 중요하지 않지만 법적 전문기술로 본인과 두 명의 공동설립자를 이사회에 올려놓으면 된다. 이게 전부다.

어떤 면에서 회사는 혼수상태의 사람과 같다. 그는 병원 침대에 누워있고 다른 사람들이 그를 위해 결정한다. 이것이 바로 "법인"의 의미다. 그것은 합법적으로 다른 사람, 즉 이사회가 관리하는 조직이다.

당신은 회사의 이사진을 결성 한다. 최초 창업자인 당신은 이사회 의장이다. 몇 명 더 추가할 수 있다. 이들은 공동설립자, 고위 자문가 또는 의사 결정을 돕기 위해 신뢰하는 사람들이 될 수 있다.

이사의 수는 3이나 5와 같은 홀수로 하는 게 좋다. 의사 결정은 반반 동수로는 결정이 나지 않을 수 있기 때문이다. 5명을 초과하면 너무 많을 것이다.

이사회에 친구나 고양이를 추가하지 마라. 투자자 또는 매입자 때문에 나중에 이사 선임을 취소해야 할 일이 생길지 모르니 하지 말아야 한다.

이사회는 직접 참석하거나 또는 Skype를 통해 참석할 수 있다.

이사회 회의록을 작성, 보관해야 한다. 여기에는 날짜, 시간, 위치, 참석자, 협의를 한 사항과 결정한 내용이 포함되어야 한다.

당신의 변호사는 이사회 회의에 참석할 수 있지만 이사회의 멤버가 되어서는 안 된다.

🌱 안전한 경영권을 행사하기 위하여 우호적인 투표권을 가진 이사가 있는지 확인해야 한다. 내가 일했던 회사 중에 제니(Jenny)라는 창업자가 있었다. 그는 회사를 설립하고 6개월 동안 온갖 노력으로 한 벤처기업을 만들었다. 제니는 가장 친한 친구를 초청해 좋은 의도로 50/50의 지분으로 회사를 친구와 나누었다. 6개월 뒤 이 기업은 전국적으로 알려진 기업으로 성장하였다. 그런데 기업을 거래하는 전문판매회사에 있던 이 친한 친구의 남편이 회사에 합류했고 제니는 33/33/33, 즉, 각각 1/3의 소유권으로 분할했다. 무슨 일이 있었는지 짐작할 수 있겠지? 가장 친한 친구와 남편은 이사회를 열고 이 회사에서 창업자 제니를 축출하는 일이 발생했다.

회사의 임원은 이사회에서 임명한다

이사회는 또한 회사 임원을 임명한다.

임원들은 회사의 일상 업무를 수행하는 사람들이다.
이사회 의장으로서 당신은 자신을 CEO로 임명하고 다른 사람들은 CTO, CFO 등으로 임명한다. 이사회와 임원은 다른 사람들이 될 수 있다. 그러나 이 직함은 초기 단계의 스타트업에서 특별한 의미가 있는 것은 아니다.

이사회의 주식발행

이사회의 다음 안건은 회사의 주식을 발행하는 것이다. 이것은 주식을 새로 만들어 낸다는 것을 의미한다. 통제가 불가능한 복사기와 마찬가지로 새로운 주식을 만들 수 있다.
당신은 회사가 가질 주식의 수를 결정해야 한다. 백만 주, 천만 주, 또는 100억 주가 될 것이라고 말할 수 있다. 그 숫자는 342주이든 얼마이든, 원하는 만큼 할 수 있다. 일반적으로 백만 주 정도지만, 모든 것은 창업주에게 달려 있다.
또한 주식 가격을 설정해야 한다. 주식 가격은 0.01달러(1센트), 10센트, 1달러 또는 원하는 대로 설정할 수 있다.
그러나 주당 0.01달러로 백만 주를 발행하는 경우 총 주식가치는 10,000달러($0.01×1,000,000=10,000)이므로 이 자산가치에 따른 세금을 내야 한다.
세금을 줄이기 위해 주가를 $0.0001로 설정할 수도 있다. 백만 주의 가치는 이제 100달러가 되어 세금이 거의 없을 것이다.
주식의 주당 $0.0001 가격은 명목가치(평가액이라고도 함)라고 한다.
창업자로서 당신은 회사에 100달러를 제공했다. 주식은 이제 진짜 가치가 있게 된다. 이 시점에서 회사는 주식을 소유하게 되었고 이사회는 주식을 할당하는 결정을 해야 한다.

이사회의 주식 배정

이사회는 각 참여자에게 얼마만큼의 주식을 배분할 것인지 결정한다.
이 책을 쓰면서 많은 창업자들과 이야기를 나누었고 다양한 대답을 얻었다. 다음은 내가 공정한 해결책으로 생각하는 것이다. 물론 당신과 공동설립자가 좋아하는 대로 이것을 바꿀 수 있다.
일반적으로 스타트업은 80/20로 주식을 분할한다. 주식의 80%는 기업 창립자들에게 돌아가고 20%는 옵션 풀로 남겨 둔다.

창업자들 몫 80%는 보통 창업자들 모두 동등하게 나눈다. 3명의 창업자가 있다고 가정해보면 여러 가지로 나눠서 할 수도 있다. 예를 들어 당신 55%, 로라 20%, 샤오핑(Xiao Ping) 5%로 나눈다면, 투자자들은 왜 로라가 샤오핑보다 4배 더 받느냐고 물을 것이다. 그리고 샤오핑과 로라가 당신이 55%를 가지는 것에 불만을 갖지 않겠느냐고 물을 것이다. 다툼의 소지가 있으니, 공동설립자가 중요하고 모든 사람들이 일을 공유한다면 똑같이 나누어서 80% 주식의 1/3씩 즉, 각각 26.66%가 되도록 하는 것이 공평할 것이다. 물론 공동설립자들이 모두 동등하게 기여한다는 전제로 분배하는 기준이다.

20% 옵션 풀은 고문, 직원, 계약자 및 다른 사람들에게 제공할 주식이다. 자문역의 경우 다음과 같은 카테고리(범주)가 있을 수 있다.

- 선임 자문관으로 스타트업 관리에 적극적으로 관여하는 경우, 1~2%를 배정할 수 있다.
- 전문직 고문은 일반적으로 특정분야 즉, 엔지니어링, 마케팅 등에 대한 전문가이다. 그들에게 0.25%를 준다.
- 명예고문의 이름은 당신의 웹 사이트를 더 좋게 보이게 하는 명망 있는 사람들이다. 그들에게 0.1%의 주식을 줄 수 있을 것이다.

1,000,000만주를 발행하면 1%는 100,000주이므로 0.25%는 25,000주, 0.1%는 10,000주가 된다.

창업에 필요한 물품 납품계약자에게 대금을 돈이나 주식으로 지불할 수 있다. 처음에는 주식으로 지불함으로써 당장의 비용을 절감할 수 있을 것이다. 그러나 이로 인해 나중에 지나친 과다지불 의무가 발생할 수 있다. 누군가에게 10,000주의 주식을 주고 로고를 만들 수 있다고 가정하자. 만약 그 회사를 1,000만 달러에 매도한 경우 10,000주는 1주당 1달러이므로 로고대금은 결국 10,000달러가 될 것이다. 현금 지급 시에 100달러 미만으로 로고를 구입할 수 있었다면 100배 정도의 과다지급이 될 수 있다. 물론 그 이하로 평가되어 주가가 1/100이 된다면 같은 값이 될 것이다.

이러한 계약자들의 물품 및 서비스 대금 지불연기는 귀사에 투자로 간주해야 한다. 그의 대금청구서가 5,000달러이고 대신에 주식을 받겠다고 동의한다면, 그는 돈을 받지 못할 수도 있는 상당한 위험을 감수하고 있으므로, 투자에 대한 10배의 수익을 기대해야 한다. 이것은 그가 50,000달러를 얻을 것이라는 점을 예상한 것이다. 그러나 회사가 실패하면 아무 것도 얻을 수 없다. 요기 베라(Yogi Berra)가 말했듯이, 미래는 일어난 후에야 그것을 더 쉽게 알 수 있는 것이다.

친구에게 주식을 주지 마라. 페이스북 페이지의 각 팔로워에게 100주를 주는 것은 좋은 일이겠지만, 250명 이상의 주식 보유자가 있는 경우 다른 SEC(미국증권거래위원회) 세금 과세 범주에 해당된다. 또한 기증에 대한 세금 40%를 내야 할 수도 있다.

회사의 정관에 창업자 중 한 사람이 떠나는 경우 배분 되지 않은 주식은 창업자에 되돌려 놓도록 해야 한다. 그렇지 않으면, 벤처 캐피털은 스스로 자기 것으로 가져 갈 것이다.

◎ 모든 공동설립자는 주식이 어떻게 분배되었는지를 알아야 한다. 창업자가 비밀로 어떤 이에게 5%를, 또 다른 사람에게는 20%를 준다면 결과적으로 문제가 발생할 것이다.

◎ 마찬가지로 공동설립자(고문, 직원 및 계약자를 포함한 모든 사람들)는 발행주식의 수와 회사의 소유지분 비율을 알아야 한다. 1,000주를 갖고 있다면 괜찮은 이야기로 들리겠지만, 회사가 1천만 주를 가지고 있다면 이는 0.01%가 된다. 주식의 총합계와 소유 백분비율을 알아야 한다. 이러한 내용은 서면으로 작성하고 안전한 장소에 보관해야 한다. 일부 회사는 직원들에게 이 사실에 대해 거짓말을 한 경우도 있었다.

제한적인 주식과 옵션

주식은 2가지 종류가 있다.

- 제한적인 주식 : 레베카가 회사의 공동설립자로 시작했을 때에 제한적인 주식을 취득했다. 소위 "제한적인"이란 말은 주식의 베스팅과 소유권 이전을 할 수 없는 제한이 있기 때문에 붙여진 것이다.
- 스톡옵션 : 올리비아가 회사에 피고용인으로 입사할 때 그녀는 스톡옵션을 받을 수도 있다.

이들에 대한 예를 들어 보자.
- 레베카는 공동설립자로서 스타트업에 참여했다. 쉽게 말해, 그녀가 10%의 지분을 가졌다고 하자. 회사는 1,000만주를 나누고 그녀는 100만주의 제한적인 주식을 가지게 된다.
- 레베카는 액면가라고도 하는 명목가치로 주식을 얻는데, 보통 주식을 액면가로 얻는다고 말할 수 있다.
- 명목가치가 주당 0.01센트라면 100만 주는 100달러에 해당할 것이다. 따라서 그녀가 100달러를 회사에 지불하면 회사는 100만 주를 주는 것이다.
- 그러나 그녀의 주식이 제한되어 있다면 베스팅 같은 조건이 따르고 그 조건을 어기면 그녀의 주식을 잃게 된다.
- 공동창업자로서 회사에 주식대금을 지급하면 주식은 실질적인 가치를 가지는 것이다.

이는 레베카를 위하여 정상적인 거래다. 이 스타트업이 1,000만 달러에 팔리면, 주식가치는 주당 0.01센트에서 1달러로 급등한다. 전체 주식가치는 100달러에서 100만 달러가 되는 것이다. 이는 초기에 참여한 사람들에 대한 보너스이다.

종업원들과 자문역들에 대한 주식은 어떻게 되는가?
- 올리비아는 직원으로 시작하여 주식 1만 주를 옵션으로 받아서 회사 주식의 0.1%를 받는다.
- 그녀가 회사에 취업했을 때에 주식의 가치는 0.25달러이고 구매한 가격도 0.25달러이다. 회사가 더 많은 투자자를 갖게 되고 수입이 늘어나면 회사의 가치는 증가한다. 올리비아의 옵션도 따라서 가치가 높아진다. 주당 가격이 0.25달러에서 2달러가 되면 그녀의 주식가치는 2만 달러가 되는 것이다.
- 그러나 올리비아가 주식을 살 수 있는 옵션을 가졌지만 주식을 아직 소유한 것은 아니다. 그녀가 옵션을 실행하여 주식을 산다면 주당 2달러의 가치가 있는 주식을 0.25달러에 사는 것이다.

제한적인 주식과 스톡옵션은 베스팅 스케줄을 따른다. 이는 보통 주식의 일부를 얻는 것을 의미하며 월말이나 분기말에 시행한다.

스타트업이 베스팅을 사용하는 이유

공동설립자를 위한 제한적인 주식이든 직원이나 자문관들을 위한 스톡옵션이든, 당신은 당신의 주식에 대한 베스팅 스케줄을 가지게 된다. 이게 무슨 뜻인지 살펴보자.
스타트업은 직원들이 계속 근무할 수 있도록 베스팅(vesting)을 사용한다. 벤처기업이 첫날 로라에게 100% 주식을 주면 그녀는 더 이상 일할 필요가 없다는 것을 빨리 깨닫게 될 것이다. 이는 직원을 고용하고 첫날에 연봉의 100%를 주는 것과 같다. 그 다음 날에 그가 출근하기를 바란다면, 행운을 빌 수밖에 없다.
베스팅은 종업원에게 장기간에 걸쳐 고용주가 제공한 주식할당 자산에 대한 권리를 부여하여 직원에게 성과를 내고 회사와 함께 발전할 수 있는 인센티브를 제공하기 위한 것이다. 회사가 정한 베스팅 일정에 따라 직원이 주식의 완전한 소유권을 취득하는 시기가 결정된다.
그렇기 때문에 창업자, 팀, 고문 등 회사의 모든 사람들이 베스팅 일정에 따르고 있다. 4년의 베스팅 스케줄(가득일정표)은 1년이 지나면 25%를 처리하고, 나머지는 월별 또는 분기별로 정하여 처리한다. 이게 무슨 뜻인지 보자.
배정된 주식의 취득일정은 1년, 2년, 4년 또는 그 이상이 될 수 있다. 일반적으로 실리콘 밸리에서는 4년이다. 1년 일정 등과 같은 다른 모델도 가능하지만 투자자는 그러한 모델에 동의하지 않는다. 그들은 4년 동안 회사에 당신을 묶어두고 싶어 하기 때문에 4년간 베스팅 일정을 원한다.
베스팅 달력들은 월별, 또는 분기별로 될 수 있다. 아래 예에서 월별 캘린더를 사용할 수 있다.
레베카는 제한적인 주식을 가진 공동설립자이다. 그녀는 1년의 끝에 25%씩을 베스팅하는 스케줄인데, 나머지 주식은 그 다음 3년 동안에 실행하므로 전체적으로는 4년이 된다. 말하자면 2016년 9월 1일에 공동설립자로 시작했다면 2017년 9월 2일이 완전한 1년이 된다. 회사에 취업했을 때에 주식에 대한 대금을 지급하였으면 이미 주식을 보유하고 있는 것이다. 9월 2일에 주식의 25%를 갖게 된 것이다.
신생기업이 베스팅 카렌다를 사용한다면 그녀의 베스팅 데이가 지난 후 매월 마지막 날에 그녀의 주식을 취득하게 된다. 3년은 36개월이고 이 기간 동안 매월 그녀는 1/36의 주식을 취득한다. 75만 주의 주식을 36개월로 나누면 2만833주가 된다.

올리비아는 스톡옵션을 가진 직원이다. 그녀의 베스팅 일정은 같은 방식으로 한 해가 끝나는 날 25%, 그리고 나머지는 3년이다. 그녀가 취업한 날이 2016년 9월 1일이라면 그녀의 베스팅 일자는 1년이 지난 2017년 9월 2일이 된다. 그날에 그녀는 스톡옵션을 실행하여 25%의 주식을 옵션 실행가격으로 사들이거나 그냥 일정기간 동안 유보할 수 있다. 회사에는 625달러를 지급하고 주식은 2500주를 받는다. 이 주식을 보유할 수 있거나 주식 브로커를 통하여 팔 수도 있다.

베스팅 데이가 지난 후 각 월말에 그녀는 옵션을 이용하여 주식 75%를 살 수 있다. 3년은 36개월 이니 매월 말 1/36의 주식을 살 수 있고, 7,500주를 36개월로 나누면 208주가 된다.

올리비아는 매월 말에 주식을 살 수 있고 또한 취득을 보류했다가 4년이나 그 이상이 지난 후에 옵션을 실행할 수 있다. 어떤 회사는 90일을 주기도 하고 또 몇 년을 주는 회사도 있다. 길면 길수록 그녀에게는 유리한 일이다.

올리비아의 옵션에도 만기가 있다. 만약 5년 만기라면 베스팅이 끝난 날로부터 또는 옵션 권리를 잃는 날로부터 5년 내에 그녀의 주식을 사야 한다.

에밀리가 직원으로 취업하여 주식 1,000주를 주당 10달러에 옵션을 받고 몇 년 뒤에 주식가격이 29달러로 오른 경우, 그녀가 주식 취득을 원하면 주당 10달러로 1만주이니 10만 달러를 지불해야 한다. 그러나 돈이 없다 해도 문제될 것은 없다. 그녀의 주식 브로커는 20만 달러에 팔고 10만 달러를 주식대금으로 지급하고 나머지 10만 달러를 받음으로써 그녀의 옵션을 선금지급 없이 실행할 수 있다.

83B 표결법

스타트업이 점차 성장하고 그 기업가치가 올라가면 창업자가 갖고 있는 주식가치도 올라간다. 그리고 부자가 된다. 당연히 세금을 내야 한다. 그러나 주식을 매도하지 않으면 이론적으로는 부자이나 실제로는 세금을 낼 돈이 없다.

미국에 당신의 스타트업이 있다면, 83B 표결법(83B Election)에 의하여 세금을 회피할 수 있다. 이를 위해서 주식 취득 후 30일 이내에 IRS에 편지를 보내야 한다. 이러한 것을 했다는 것을 증명하기 위해 내용증명 우편을 이용하라. 당신의 변호사가 도와 줄 것이다.

만약 당신의 스타트업이 다른 나라에 있다면, 당신의 세법을 점검해야 할 것이다. 창업과 세무에 밝은 세무사와 상의하면 좋을 것이다.

창업자의 급여는 얼마?

처음에는 돈이 없으므로 월급이 없다. 투자가 이루어지면 창업자에게 약간의 봉급을 줄 수 있다. 이들은 일반적으로 낮은 수준이다.

문제는 수백만 달러를 벌어들이는 성공의 경우이다. 창업자들은 왜 그렇게 큰 보상을 받아야 하는가? 그들이 큰 위험을 감수 하기 때문이다. 그들은 3년 동안 열심히 일하고 아무것도 얻지 못할 수도 있었다. 또한 창의적이고 혁신적인 작업을 수행하였다. 그들은 단지 단순한 직원이 아니었다.

싱글 트리거와 이중 트리거

트리거는 법률적 조건을 시작하는 이벤트이다. 예를 들어, 회사가 매각된 경우 로라의 베스팅 스케줄은 작동되어 그녀는 즉시 100% 매각한다. 트리거 이벤트들은 회사의 매각, 상장 또는 그녀가 회사를 떠나거나 사직하는 경우(비자발적 해고 또는 자발적 종료)를 말한다.

이벤트가 회사의 매도라면, 그것은 단독제동장치이다. 이것은 성공에 대한 그녀의 공헌에 대한 보상이다. 그러나 구매자는 회사를 사서 원치 않는 사람들을 제거할 수 있다. 그것은 이중제동장치(회사 매입 및 직원해고)이므로 이중 트리거 가속을 사용한다. 회사는 팔리고 그녀는 계획된 프레임 안에서 해고되었는데, 아마도 마무리 후 9~24개월이 될 것이다. 그녀가 기업매도 후에 그 기간 안에 해고되면, 그녀는 그녀의 주식을 얻을 수 있다. 이는 벤처 캐피털들로부터 그녀를 보호한다.

선제 해고를 차단하기 위해 매도 3~6개월 전 같은 마감 시한이 있을 수도 있다. 회사는 회사가 매도될 것이라는 것을 알고 있고 벤처 캐피털은 일찍 사람들을 해고하여 주식을 뺏어가려 할 것이다. 그런 경우 관련 미처리 주식은 벤처 캐피털로 간다.

이러한 트리거는 공동설립자와 고문을 모두 포함해야 한다. 직원을 추가할 때는 이중 트리거로도 처리해야 한다.

무엇이 잘못될 수 있을까

스타트업은 신설된 회사라 여러 가지 많은 일이 일어날 수 있다. 핵심 인물들이 사표를 내고, 고객들을 오해하고, 회사가 어려운데 경쟁사가 더 나은 제품을 개발하고, 투자자가 돈을 더 주지 않고, 재무위기를 초래하게 되면, 거대한 바다 괴물이 샌프란시스코에 있는 당신의 사무실을 집어 삼켜 버릴 것이다. 회사는 실패하고 주식 가치는 0이 될 것이다. 위험이 높기 때문에 스타트업에 대한 보상도 높다.

특허, 저작권 및 상표

지적재산(IP)에는 특허, 저작권, 상표 등이 포함된다.
처음에는 여러 번 사업방향을 바꾸거나 아이디어를 포기하기 때문에 아기가 걸을 때까지 기다리듯이 기다리는 것이 좋다.
아이디어가 있으면 잠정적인 특허를 신청할 수 있다. 그것은 당신의 아이디어에 대한 임시 소유권과 같다. 수수료는 약 1,000달러이며 신청하기도 쉽다. 그런 다음 특허출원 여부를 결정할 1년 정도 시간이 있다.
당신의 변호사가 도울 수 있거나 특허 변호사와 연결해 줄 수 있을 것이다.
미국 특허등록 비용은 약 5,000달러인데, 일부 변호사는 훨씬 더 요금을 청구할 수 있다. 그 높은 비용을 지불할 필요는 없다.
다른 나라에 특허를 신청할 수도 있다. 변호사는 외국 특허 변호사를 추천할 수 있을 것이다.

법률 문서 및 계약

LegalZoom, Nolo 및 Clerky와 같은 다양한 웹 사이트에서 법적 계약의 무료 양식을 얻을 수 있다.
이 책의 웹 페이지에 더 많은 계약서 양식이 있으니 참고하기 바란다.

계약에 대하여

"첫 번째 부분의 파티는 과시적(the party of the first part are pretentious)"이라는 문구가 들어간 계약서를 받았을 때 이해가 되지 않으면 다시 보내어 쉽게 이해할 수 있는 일반 영어로 작성해 달라고 요청해야 한다. 다행히도 젊은 변호사들은 명확한 언어를 선호한다.

중립적이고 공정한 웹 사이트에서 제공되는 표준 계약을 사용하길 권한다.

마지막으로 계약은 그다지 중요하지 않다. 다른 사람이 당신을 속이기를 원한다면 어떤 변호사도 100쪽짜리 계약서를 쓸모 없다고 말할 것이다. 다른 사람을 믿지 않는다면, 그 사람과 사업하지 마라.

창업자들의 스타트업

창업자들에 의한 스타트업 사례 :

- Joseph Biley, 창업자. 서 아프리카의 코트디부아르(Cote d'Ivoire)를 위한 액셀러레이터를 구축하여 아프리카의 차세대 기업가 및 창업자를 양성한다. 기금을 모금 중이다. WeDevGroup.com을 찾아보라.
- Rahul Aggarwal & Varun Aggarwal, 공동설립자. Designhill은 합리적인 가격으로 고품질의 디자인을 제공하는 온라인 그래픽 디자인 마켓 플레이스이다. 등록된 그래픽 디자이너가 3만7,000명 이상으로 수천 개의 기업이 필요로 하는 그래픽 디자인 요구를 아웃소싱 하는 데 도움을 주고 있다. DesignHill.com을 방문해 보라.

요약

당신은 법적인 일들을 충분히 이해해야 실수를 피할 수 있다. 가장 좋은 해결책은 당신 편이 되어 줄 경험 있는 변호사를 구하는 것이다. 좋은 변호사를 찾기 위해서는 여러 번 창업한 설립자와 이야기하는 것이 좋다.

07 투자 유치

Funding Stuff

이제 투자자와 자금을 살펴보자. 이 말은 돈을 뜻한다.

이번 장(Chapter)은 사람들이 이야기하고 싶지 않은 것을 다루기 때문에 이 책에서 가장 긴 장 중 하나다. 돈은 현대 사회의 핵심 이슈 중 하나이지만 사람들은 돈에 대해 이야기는 하는 것을 터부시 한다. 자금조달은 실리콘 밸리에서 중요한 일이지만 사람들은 벤처 자본, 벤처 캐피털 기업들이 어디에서 자금을 모으고 어떻게 일하는지에 대해 잘 알지 못한다. 스타트업 자금조달의 의미를 살펴보자.

첫째, 돈이 정말로 필요한가?

많은 사람들이 스타트업을 하기 위해서는 자금 유치를 해야 한다고 알고 있다. 투자유치에는 다음과 같은 유익한 면이 있다.

- 사업타당성 실증. 누군가가 당신의 스타트업에 투자하면 다른 사람들은 그 스타트업이 좋은 사업일 것이라고 생각한다. 사실, 그것은 잘못된 판단이다. 벤처 캐피털은 어느 회사가 성공할지 모르기 때문에 여러 회사에 투자하지만, 대부분의 사람들은 이를 인식하지 못한다. 당신의 사업타당성 실증은 바로 여러분의 고객이 하는 것이다.
- 경험과 인맥 : 투자자는 회사가 성장하기를 원하므로 투자자 자신의 인맥과 경험을 공유한다.
- 청구서를 지불하고 집세를 지불하고 음식을 살 수 있다.
- 자금조달을 통해 더 빨리 성장할 수 있다. 수년을 걸려 천천히 성장하느냐, 거름을 주어 빨리 성장하느냐의 차이다. 또한 자금조달로 인해 문제가 발생하기도 한다.
- 투자자는 투자 후 계속 감시하고, 또 감독하고 싶어 한다. 그들은 사업 일정을 정하고 무한정 내버려두지 않고 데드라인을 정한다.
- 다섯 명의 투자자가 있다고? 이 말의 뜻은 5명의 상사를 가지고 있다는 것이다. 그

들은 끊임없이 무엇을 해야 할 지 제시하고, 일부 투자자는 자신의 게으른 조카를 고용할 것을 주장할 수도 있다.
- 투자자는 성장을 원하며 이에 따른 영업의 추진을 요구한다. 즉, 마케팅 및 영업 전략을 수립하고, 직원을 고용하고, 캠페인을 관리하고, 사무실을 확보하라는 것이다. 이 모든 것이 사업개발 속도를 지연시키게 된다. 형식적이고 사무적인 일이 발전에 장애가 되는 경우도 있다.
- 돈을 많이 투자 받을수록 소유지분은 줄어들고 기업을 매도할 때에 당신의 지분은 적어진다.
- 돈이 너무 많으면 돈을 버림으로써 문제를 해결할 수 있다. 많은 스타트업들이 돈이 바닥날 때까지 이 짓을 한다. 돈이 조금 부족하다는 정도에서 사업을 진행해야 한다.

돈이 필요 없다면 투자를 받지 말아야 한다.
소규모 창업으로 문제를 해결하는 것이 좋다. 돈이 부족하면 창의력을 발휘하게 된다. 구글이 창업할 때에 소수의 사람들이었을 뿐만 아니라 돈도 없었기 때문에 서버를 구축해야 했다. 그들은 값싼 컴퓨터를 구입하고 무료 툴인 Linux를 사용했었다.
처음 성공적인 스타트업을 시작한 후에 돈은 약간 멀리하라. 자신의 프로젝트에서 자립해 가며 돈을 마련할 수 있다.

🎯 몇몇 창업자들은 자금을 들이지 않고 회사를 설립했다. 이것은 그들에게 성장 및 수익에 대한 투자자의 압박감이 없다는 것을 의미했다.

소액 자금 유치 : 삐약, 삐약!

스타트업의 첫 몇 달 동안은 당신의 아이디어를 연구·조사하는 단계이다. 즉, 투자자에게 아직 보여 줄 것이 없고 또 돈도 얻지 못할 것이다. 판매할 것도 없기에 수익도 없을 것이다.
이 말은 당신이 가능한 한 절약해야 한다는 것을 의미한다. 당신이 절약하는 1달러의 가치는 당신이 발행할 주식을 그만큼 줄어들게 한다. 되도록 절약해야 한다. 병아리처럼 먹고 큰 세상으로 나가는 길을 찾는 것이다.
- 지금 젊다면 부모와 함께 집에서 시작할 수 있다. 파트너나 배우자가 있다면 잠시 동안 당신을 도울 수 있을 것이다.
- 무료 소프트웨어를 사용하라. 마이크로소프트와 구글은 무료로 거의 모든 것을 창업자에게 제공한다.
- 회사를 설립하지도 변호사 또는 회계사를 고용하지도 마라. 나중에 하면 된다. 지금 당장 팀원과 짧은 간이계약서를 작성하여 합의해 두어야 뒤탈이 없어진다.
- 주식으로 초기 거래비용을 지불하는 것이 좋아 보이지만, 과대 지불하는 일이 될 수 있다. 오늘 100달러로 될 일을 내일 1,000달러를 내야 하는 경우도 있다. 가능한 한 적은 금액을 오늘 지불하는 것이 경제적이다.
- 설립하기 전에 비용이 있으면 회사에 대한 대출과 같은 것이다. 모든 사람은 여행, 음식, 물품, 비용 등에 대한 영수증을 보관해야 한다. 투자를 받으면 환급 받을 수 있다.

고객과 인터뷰하고 당신의 아이디어를 개발하라. 당신의 고문과 협력하여, 실행 가능한 비즈니스 모델을 보여줄 수 있다면 자금을 확보하고 다음 단계로 이동할 수 있다.

🎯 경비를 줄이고, 현금을 많이 보유할수록 옵션이 많아진다. 오래 버틸 수 있고 더 많은 변화에 대응할 수 있다. 당신에게 돈이 간절해지지 않기 때문에 더 나은 조건으로 대응할 수 있다.

🎯 몇 년 전, 많은 투자자들이 인도의 스타트업을 지원하기 위해 수백만 달러를 사용했다. 그들은 돈이 있었기 때문에 대규모 인프라, 많은 직원을 보유한 전통적인 스타트업을 설립했으며 성장과 수익에 중점을 두었다. 몇 년 후, 이들은 모두 사라졌다. 인도 및 유사한 시장에서, 당신은 작은 규모로 시작하고, 시장에서 살아남을 수 있는 것을 찾아내고, 지속 가능한 회사를 구축하며, 실수에서 벗어나 살아남아야 한다.

🎯 많은 창업자들은 20대 초반에 대학을 졸업하고 집에서 창업을 했다. 이는 창업 초

기 단계에서 비용을 절감하는 아주 좋은 방법이다. 당신은 또한 경쟁자들에 비해 강한 이점을 가지고 있다. 사무실 공간을 얻기 위해서는 월 3,000~5,000달러가 들 것이다.

🎯 몇몇 창업자는 사무실 건물을 지닌 가족이 있었기 때문에 사무실을 바로 개설할 수 있었고 이를 통해 스타트업을 구축하는 동안 비용을 절감할 수 있었다.

투자를 받을 것이냐, 대출을 받을 것이냐?

종종 투자금액을 갚아야 하는지 묻는 사람들이 있다.
은행에서 돈을 빌리면 대출금과 이자를 상환해야 한다. 매년 10%의 이자로 10만 달러를 빌리면 1년 후 10만 달러의 원금과 1만 달러의 이자를 포함, 11만 달러를 상환해야 한다.
투자는 프로젝트가 성공할 수 있는 한 방법이다. 프로젝트가 실패하면 다시 상환하지 않아도 된다. 투자자는 자신이 돈을 잃을지도 모른다는 것을 안다.
투자가 성공하면 투자액의 5배 또는 10배와 같은 배수를 곱한 금액을 지불해야 한다.
배수가 5배라면 10만 달러의 5배 금액인 50만 달러를 지불해야 한다.
투자자는 손실위험을 감수하기 때문에 큰 투자 수익을 요구한다.
일부 투자자의 경우 3만 배나 되는 수익을 올리기도 했다. 다른 사업에서는 그런 기회가 거의 없다. 세계 곳곳에서 돈을 가진 사람들이 실리콘 밸리에 관심을 갖는 이유다.
돈을 잃으면 어떻게 될까? 당신이 부정한 일을 하고 돈을 낭비했다면 투자자는 다시는 당신과 이야기하지 않을 것이고 친구들에게 소문을 낼 것이다. 반면에 열심히 노력했지만 효과가 없었다면 그들은 이해할 것이고 많은 사람들이 다음 프로젝트에 투자할 것이다.
성공하는 프로젝트는 극소수다. 많은 사람들이 "실패는 선택 사항이 아니다."라고 말하지만 실리콘 밸리에서는 실패할 가능성이 높은 편이다. 일이 잘 되었을 때, 높은 수익을 지불하니까 사람들은 계속 노력하게 된다.
투자자에게 사업이 위험하다는 것과 최선을 다할 것이라는 것을 확신시켜야 한다.

당신이 있는 곳이 실리콘 밸리가 아니라면?

유럽, 남미, 중국 및 미국 동부 해안도시 뉴욕과 시카고 등의 투자자는 보수적인 입장이며 보통 위험을 회피하는 경향이 있다. 그들은 투자하기 전에 제품, 사용자, 판매 및 수익을 보고 싶어 한다. 그들에게는 더 안전하지만 기회는 줄어들 것이다. 돈에 대한 경쟁이 덜 심각하다. 그들은 잠재력이 아니라 기술을 보는 경향이 있다.

◎ 대부분 국가에서 벤처기업 투자에 대한 경험과 지식이 일반적으로 부족하다. 그들은 자신이 알고 있고 이해하는 것에 투자하는 것을 선호한다. 그들이 투자하는 금액도 높지 않을 것이다.

◎ 몇몇 유럽계 창업자들의 말에 의하면 스웨덴 투자가가 스톡홀름에 있는 스웨덴 스타트업에 투자하지 않겠다고 했다지만, 그 스웨덴 스타트업이 팔로 알토에 사무소를 세우면, 실리콘 밸리 스타트업이 되므로 투자할 것이다. 유럽 및 중국 투자자는 실리콘 밸리에 투자하기를 원함으로 아시아, 유럽 및 남미 지역의 돈이 실리콘 밸리에 모이게 된다.

◎ 실리콘 밸리 외의 투자자들의 또 다른 문제점은 청소년에 대한 태도이다. 여러 나라에서 투자자들이 21세 창업자의 팀에는 나이든 공동설립자가 있어야 한다고 주장한다. 이런 주장이 사업을 죽일 수 있다.

결국 실리콘 밸리에서 돈을 모으는 것이 더 쉽다. 그 이유는 더 많은 투자자가 있고 창업경험이 있는 사람이 몰려 있기 때문이다.

기회는 무엇인가?
다음은 전형적인 벤처 캐피털 회사의 일반적인 통계 숫자다.
- 매년 4,000건의 제안서 검토
- 400개의 스타트업과 프로젝트 논의를 위해 30분간 전화 통화를 한다.
- 100명이 1시간 동안의 회의에 초청된다.
- 20개의 스타트업이 자금 유치에 성공한다.

약 15개의 실리콘 밸리 회사가 실리콘 밸리 모든 수익의 95%를 만든다고 알려져 있다. 실제 통계수치를 아는 것은 매우 어렵지만 이 범위의 내에 있을 것이라고 생각한다. 매일 벤처 캐피털 직원은 대략 20건의 제안을 검토하고 5건의 전화 심사를 실시하며 2건의 회의를 개최한다.

자금 유치의 형태

당신의 스타트업을 위한 자금 유치에는 다양한 방법이 있다.
여기 몇 가지를 소개하면 :

- 자체 자금조달. 당신과 팀원이 비용을 분담. 당신은 정규직으로 일하고, 부업을 하거나, 수입이 생길 때까지 카드대출을 받아 살 수도 있다.
- 설립자 중 일부는 운영 중인 첫 번째 또는 두 번째 스타트업에서 수익을 창출하여 생존할 수 있다.
- 실업수당 : 일부 도시는 사업을 시작하려는 실업자에게 돈을 제공한다. 창업자 중 한 명이 창업에 사용했다.
- 수익 : 일부 스타트업은 조기에 수익을 창출하여 이 수익으로 시작했다.
- 친구 및 가족 : 배우자, 파트너, 부모, 친척, 친구, 동문, 교회, 사회단체, 동료 또는 고문이 프로젝트에 기금을 지원하는 경우.
- 클라우드 펀딩 : 사람들은 재미있는 프로젝트에 돈을 기부한다. Kickstarter, Indiegogo 및 기타 많은 클라우드 자금 제공 사이트가 있다. 한 창업자가 이 클라우드 펀딩을 사용했다. 초기 단계의 스타트업을 설립하는 동안 마케팅을 해야 할 필요가 있는 경우 당신은 강력한 소셜 마케팅이 필요하다.
- 스타트업 경연 대회 : 기업과 정부는 스타트업 경연 대회를 개최한다. 이들 중 상당수는 상당한 상장과 상금을 준다. 5만 달러 또는 10만 달러의 상금을 받아 창업한 사업자를 만나기도 했다.
- 액셀러레이터 : 일부 액셀러레이터는 돈을 준다. Y-Combinator는 업체를 선정할 때마다 13만 달러를 준다.
- 정부 보조금 : 시, 주 및 국가의 많은 정부는 스타트업에 투자하여 일자리를 창출한다. 기업이 성공하면 세금 수입도 생긴다.

- 대학 : 여러 대학이 학생들의 스타트업에 자금을 지원하고 있다. 스탠포드, 버클리, MIT, 예일, 하버드 및 다른 학교의 동창들에 대한 투자 그룹도 있다.
- 기업 투자 : 대기업은 스타트업에 투자하여 인수할 프로젝트를 찾고자 한다.
- 엔젤투자자(Angels) : 예를 들어 생명공학 분야에서 돈을 번 사람들은 이 분야를 알고 있기 때문에 기꺼이 생명공학 분야에 투자한다.
- 벤처 캐피털 : 벤처 캐피털들은 대형 투자자(보험 회사, 대기업, 가족 재단, 정부, 기부금, 대학교 등)로부터 자금을 모으고 창업자금을 투자한다.

스타트업이 투자자를 위해 좋은 수익을 올린 경우 동일한 투자자로부터 차기 창업을 위한 투자자금을 쉽게 얻을 수 있다. 한 창업자는 그의 기업을 팔았으나 차기에는 좋은 아이디어만으로 창업에 200만 달러의 투자를 받았다.

🎯 창업자 중 한 명은 그의 세 번째(또는 네 번째) 창업을 했다. 그는 투자자의 돈이 필요하지 않았다. 그가 사업을 통해 구축한, 대기업에 근무하는 친구들이 그의 스타트업을 사주었다.

🎯 비영리 스타트업을 설립하는 경우 투자자를 확보할 가능성은 거의 없다. 그러나 기부할 사람을 만날 수 있다. 또 다른 가능성은 클라우드 펀딩이다.

🎯 또 다른 아이디어는 Angel List(angel.co)를 통해 자금을 조달하는 방법이다. 소액의 5,000달러에서 1만 달러의 엔젤 투자자를 찾아보라. 이는 많은 투자자를 만나고 또 그들의 조언을 받을 수 있다는 것을 의미한다. 스타트업은 엔젤이 다른 엔젤에게 소개하기 때문에 더 많은 엔젤을 더 쉽게 얻을 수 있을 것이다.

🎯 대학 및 정부 보조금으로 인해 때때로 문제가 발생하기도 한다. 일부 분야 및 일부 국가의 경우 창업지원 자금을 노리는 창업자가 있다. 보조금에서 다른 보조금으로 옮겨 지원혜택을 받으면서 창업을 못하게 하는 보조금 유혹이 있다. 그들은 현실을 직시해야 한다. 이런 것들은 사라져야 한다. 이는 석사학위를 받은 자가 반복해서 대

학원생이 되는 것과 같아서 일하지 않아도 되는 것과 같은 도덕적 해이가 발생한다. 그런데, 엔젤들의 시작은 1900년대 초 뉴욕의 브로드웨이에서 연극을 후원한 부유한 사람들이었다.

벤처 캐피털 회사 소개

벤처 캐피털 회사는 5~10명의 일반 파트너(GP)와 거래할 창업자를 찾아내고 실질심사를 하는 대표가 있다. 또한 동료사업자, 보조(junior) 동료사업자, 분석가 및 인턴도 있다. 미국에는 약 800개의 벤처 캐피털 회사가 있지만 절반 정도인 약 400개만 활발하게 움직이고 있다. 약 100개의 벤처 캐피털 회사가 실리콘 밸리에 있는데, 대부분의 투자할 돈은 실리콘 밸리의 벤처 캐피털에 전달된다. National Venture Capital Group(NVCA)에서 더 많은 것을 알 수 있다.

많은 벤처 캐피털 회사가 팔로 알토에서부터 280번 고속도로에 이르는 긴 거리에 있는 샌드 힐 로드(Sand Hill Road)에 있으며, 낮은 사무실 건물이 줄 지어 있다. 건물 뒤의 벤처 캐피털 사무실들은 언덕을 내려다 볼 수 있는 곳에 있다.

각 벤처 캐피털은 10년 펀드에 의지해 단계별로 약 4~6개 스타트업을 담당한다. 새로운 펀드가 조성되면 많은 스타트업과 함께 일한다. 기금이 오래되어 일부 스타트업이 폐쇄될 때에는 그들에게 출구를 찾아주고 새로운 준비를 하기 위해 여러 곳의 스타트업과 더 많은 시간을 할애한다. 벤처 캐피털은 또한 LPs(그들의 투자자), 기타 공동투자자, 공동 설립자, 고객 등을 다루고 있다. 그들은 또한 미디어와 만나 스타트업을 홍보한다.

벤처 캐피털은 투자 수익으로 순위가 매겨진다. 더 많은 수익을 만들수록 순위가 올라간다. 벤처 기업과 GP에 대한 순위가 매겨진다. 낮은 순위의 벤처 캐피털 회사는 열정적이거나 무분별하게 종종 더 투자하려고 한다.

지난 10년 동안 벤처 캐피털 펀드는 더 커지면서 투자도 증가했다. 벤처 기업은 씨앗단계 스타트업에서 창업완료(후기)단계 스타트업으로 이동했다. 이에 대응하여 엔젤과 액셀러레이터가 씨앗단계 스타트업에 자금을 지원했다. 새로운 종류의 마이크로 벤처 캐피털이 등장했으며 2만5,000~50만 달러를 투자하는 약 225개의 마이크로 벤처 캐피털(약 절반은 실리콘 밸리에 있음)가 있다.

🎯 벤처 캐피털의 순위에 민감할 필요는 없다. 스타트업을 하기 위한 자금유치를 하는 것은 창업자 자신의 몫이다.

🎯 벤처 캐피털은 스타트업의 문제를 해결하지 못한다. 문제를 파악하고 스스로 해결해야 한다. 벤처 캐피털에서 투자를 받는다는 것은 스타트업의 속도를 가속화하는 것이다.

투자자 만나기

투자자를 만나는 두 가지 방법이 있다 : 기계적이고 사무적인 전화(cold calls)와 인간적인 따뜻한 전화(warm calls).
- 콜드 콜은 모르는 사람에게 전화하는 경우이다. 당신과 그 사람 사이에는 아무런 연관이 없다.
- 따뜻한 전화란 친구를 통해 누군가에게 소개되었을 때이다. 친구는 상대방에게 당신을 알고 당신을 신뢰한다고 말할 것이고 그러면 상대방은 친구와의 대화처럼 당신과 이야기할 것이다.

당신의 목표는 투자자와 첫 만남을 갖는 것이다. 서로 관심이 있다면 계속해서 미팅이 이루어질 것이다.

리드 호프만이 인맥에 대해 말한 것을 기억하는가? 그와 인맥으로 연결되어 있는 사람들과만 대화한다는 것? 많은 벤처 캐피털과 엔젤들은 신뢰할 수 있는 친구가 제공한 경우에만 제안서를 본다고 한다.

친구, 가족 및 동료를 통하여 다른 아는 사람들을 찾아야 한다. 잠재적인 공동설립자 및 고문과 이야기할 때, 그들의 관계에 대해 물어보는 것이 좋다.

🎯 창업자는 많은 미팅을 하려 할 것이다. 일반적으로 10만 달러의 투자를 받기 위해서 매일 5회씩 100번의 미팅을 해야 할 것이다. 당신이 하는 일을 빨리 말하는 것에 익숙해질 것이다.

◎ 훌륭한 팀과 좋은 아이디어가 있다면 사람들은 다른 사람들에게 이를 전할 것이다. 고문, 최고의 인큐베이터들, 비즈니스 스쿨의 교수들은 투자자와 벤처캐피털로부터 스타트업에 대해 끊임없이 질문을 받는다.

◎ 실리콘 밸리에 있는 벤처 캐피털(VC)은 창업자들이 벤처 캐피털이 원하지 않는 제안서를 보내지 말아야 한다고 주장한다. 그런 경우 제안서를 무시한다고 한다. 그러나 다른 나라에서는 벤처 캐피털이 할 일이 적기 때문에 이 방법이 효과적일 수 있다. 창업자 중 한 명이 그렇게 했다. 그는 자국 내 35개 벤처 캐피털에 제안서를 보냈으며, 그 결과 16회의 미팅을 갖게 되었다. 3곳의 벤처캐피털에서는 긍정적 답변을 했고 2곳은 마침내 약 150만 달러를 투자했다. 투자를 받는 데 9개월이 걸렸다. 당신의 나라에서 도전해 볼 필요가 있다.

◎ 한 투자자는 자신의 온라인 소셜 네트워크를 이용하여 자신이 한 일을 사람들이 알게 했더니 투자자가 이를 통해 연락해 왔다고 했다.

◎ 그리고 어느 친구의 친구의 친구가 있었다. 한 창업자의 형은 자동차를 수집하는 사람을 알고 있는 다른 친구에게 말한 친구에게 말했다. 그는 투자했다. 사람들이 당신이 하는 일을 다른 사람들에게 쉽게 알릴 수 있는 좋은 할머니 피치가 있어야 한다.

자신을 벤처 캐피털이라고 소개하면서 1만5,000달러라는 소액의 준비비를 내면 100만 달러를 투자하겠다고 제안하는 사람들이 있다. 그들은 모두 가짜 벤처캐피털이다.

피치란 무엇인가?

피치라는 단어는 야구에서 투수가 타자에게 공을 던질 때에 쓰는 말이다. 투자자에게 제안서를 제출하는 것을 투자자에게 공을 던지듯이 하는 것이다.
피치 이벤트(Pitch Event)는 5~10개의 벤처 기업이 투자자를 대상으로 하는 회의다. 실리콘 밸리에는 매일 피치 이벤트가 열린다.
벤처 캐피털과 투자자 측 배심원 3~6명이 방 앞쪽에 앉아 있다. 일반적으로 2분 동안 피칭을 하고 3분 동안 질문과 답변을 한다. 또는 피치 3분, 질문 3분이다. 아니면 질문은 30분 일수도 있다.

행사비용과 음료대로 보통20~50달러 정도 비용이 발생한다. 500달러나 그 이상은 지불하지 말아야 한다.

최대한 많은 피치 이벤트에 참가하라. 그들이 무엇을 묻는지 잘 보고 행사가 끝나면 투자자와 이야기하고 프로젝트에 대해 이야기를 이어갈 수 있다.

🎯 실리콘 밸리에서 다년간의 경험을 쌓은 한 창업자는 피치 이벤트가 엔터테인먼트라고 말했다. 그는 그것이 심각한 투자 고려 대상이라고 생각하지 않았다. 그는, 처음 창업하는 사람은 피치 경험을 쌓고 피치 데크를 향상시키기 위해 이벤트에 가야 한다고 말했다. 투자유치를 기대하지 말라. 투자유치 제안을 받지 못했다고 실망할 필요도 없다.

🎯 투자자의 질은 이벤트의 질에 달려 있다. 최고의 이벤트는 최고의 투자자를 얻는다. 어쨌든 경험을 위해 피치 해야 한다. 또한 가능한 한 자주 피치를 올려야 한다. 이를 통하여 더 많은 확신을 갖게 될 것이다.

피치 데크

다음은 피치 데크에 대한 많은 팁이다 :

- 10페이지짜리 피치 데크를 사용하라. 12페이지를 넘는 것은 좋지 않다. 3개의 슬라이드로 할 수 있다면 더 좋다. 사람들이 60페이지 분량의 데크를 출품하는 것을 보았는데 그들이 중요 부분을 설명하기 전에 잘렸다.
- 각 슬라이드는 하나의 아이디어가 있어야 하며 1페이지에 3개의 소제목이 있어야 한다. 그리고 그 제목은 짧아야 한다.
- 피치 데크는 Windows 및 Apple에서 사용 가능한 Power point여야 한다.
- 좋은 작문 실력을 가진 사람에게 피치를 검토해 줄 것을 요청하면 피치가 전문적으로 보일 것이다. 제목, 글꼴, 색상 및 형식은 일관성이 있어야 하며, 철자법, 문법, 대소 문자가 정확해야 한다.

- 슬라이드에 페이지 번호를 넣어 슬라이드를 참조할 수 있게 한다.
- 슬라이드를 청중(투자자)에게 읽어주기보다는 슬라이드에 대해 이야기하는 게 좋다.

열쇠고리, 휴대전화 및 클라우드 폴더의 플래시 드라이브에 사본을 보관하여 항상 사용할 수 있도록 하는 것이 좋다.

페이지 별 피치 데크

핵심 아이디어 : 당신의 피치 데크를 위한 각 페이지를 보자.

- 슬라이드 1 : 제목 페이지 : 회사 이름, 로고, 회사에서 수행하는 작업에 대한 한 줄 짜리 설명, 날짜 (예 : 2017년 5월) 및 청중(투자자)
- 슬라이드 2 : 창업 팀 : 이름, 직책, 대학 학위, 경험, 전문 지식 및 전문 사진. 당신의 고문을 포함시킬 수 있다.
- 슬라이드 3 : 시장 기회 : 국가, 주 또는 도시 별로 시장 기회(미국 달러 기준)가 얼마나 되나? 예를 들어, 미국에서는 10억 달러, 캘리포니아에서는 3억 달러, 팔로 알토에서는 2,500만 달러 등이다.
- 슬라이드 4 : 문제 : 문제를 설명하라. 사용자들에게 어떤 영향을 미치는지. 그 문제가 사용자에게 시간과 돈으로 얼마나 부담을 지우는지.
- 슬라이드 5 : 제품 : 제품, 기술 또는 서비스가 문제를 어떻게 해결할 것인지. 사진 또는 스크린 샷을 포함해야 한다.
- 슬라이드 6 : 경쟁 업체 : 이 시장의 주요 경쟁업체는 누구인가? 당신의 제품은 경쟁사 보다 어떻게 더 좋은가?
- 슬라이드 7 : 비즈니스 모델 : 이 비즈니스에서 돈을 벌 수 있는 방법.
- 슬라이드 8 : 재정 개요 : 간단한 5년 자금실행계획.
- 슬라이드 9 : 질문 : 지금까지 얼마나 많은 돈을 벌었는가? 누가 투자를 했는가? 얼마나 많은 돈이 필요한가? 필요한 자금에 대해 설명해야 한다.
- 슬라이드 10 : 연락처 정보 : 이름, 이메일, 휴대전화, 웹 사이트 및 우편 주소.

슬라이드 7과 8은 건너뛸 수 있다. 나중에 돈 문제는 해결될 것이라고 말하라.

이 책의 웹 페이지에서 샘플 피치 데크를 다운로드 할 수 있다. 이를 통하여 편집하고, 피칭을 시작하기 바란다.

🎯 슬라이드 9번에서 설명한 질문에 대해서는 많은 논란이 있다. 어떤 이는 돈에 대해서 물어야 한다고 하고, 또 어떤 이는 돈에 대해서는 말하지 말아야 한다고 한다. 만약 투자자가 관심을 보인다면 여러 차례 만나고 돈에 대해서 질문해야 한다. 돈에 대한 질문을 하든 하지 않든 간에 산업, 국가에 따라 다르다. 자문관과 상의하라.

피치

피치를 할 때 당신은 투자자들에게 그들이 어떻게 돈을 벌 수 있는지 보여준다. 당신은 일을 수행하고 문제를 해결할 수 있는 팀을 구성했음을 보여주라. 고객과 인터뷰한 것을 보여주고, 문제를 파악하고 그 해결 방법을 보여주라.
피치는 취업 면접이 아닌 비즈니스 제안이다. 스타트업의 CEO는 피치를 해야 한다. 투자자들은 이 아이디어를 보고 있지만 리더십과 프로젝트를 이끌 수 있는 자신감이 있는지 여부도 조사하고 있다.
모든 문제에 대해 완전히 명확해질 때까지 팀 및 자문관들과 의견을 나누어야 한다. 전환 사채 및 주식가치의 희석과 같은 자금조달 개념을 이해했는지 확인해야 한다. 그렇지 않으면 투자자는 당신이 준비가 안 되었다고 생각할 것이다.
사람들은 당신이 대답할 수 없는 질문을 할 것이다. 질문을 메모하고, 조사하고, 24시간 이내에 답이나 제안하는 이메일을 보내야 한다.

🎯 예를 들어, 한 투자자가 눈 1입방피트의 무게를 물었다고 하자. 습도에 따라 다르므로 그 범위(20파운드에서 60파운드 사이)를 알아야 한다.(입방피트, 입방미터, 파운드 및 킬로로 단위를 환산해야 한다.)

🎯 혼자보다는 메모를 할 공동설립자가 있는 것이 좋다. 모든 이의 질의사항을 메모해서 답을 찾는 게 좋다. 가능하다면 이벤트를 영상으로 녹화하는 게 좋다.

🎯 Eventbrite에서 피치 이벤트를 찾을 수 있다. 컨퍼런스, 세미나, 이벤트 및 많은 파티도 있다.

🎯 피치 이벤트에 가서 다른 사람들이 하는 것을 관찰하라. 어떤 것이 좋고 어떤 것이 나쁜 지 알 수 있을 것이다. 누군가의 스타트업 피치에 대하여 우리는 15회나 연습을 했다. 가능하다면 피치 코치를 찾아라.

🎯 자문관과 교수에게 그들이 피치 이벤트를 제안할 수 있는지 물어보라.

미팅

투자자가 당신을 만날 때, 당신이 스타트업을 이끌 수 있는 능력이 있는지 평가하고 있다. 열정과 자신감을 보여주어야 한다. 굳건한 악수를 하고 눈을 마주치며 프로젝트에 관해 이야기할 준비를 해야 한다.

회의 전에 만날 사람과 회사정보를 찾아보고 그들이 누구인지, 그들이 당신을 위해 무엇을 할 수 있는지, 그들이 무엇을 원하는지, 그리고 당신이 그들을 위해 무엇을 할 수 있는지를 파악해야 한다.

일련의 측정 항목을 준비하고 이러한 측정 항목이 성장 및 수익 측정에 중요한 이유를 설명할 수 있어야 한다.

등록번호, 네티즌 가입회원의 수, '좋아요' 숫자, 댓글 등의 숫자는 사용하지 않는 게 좋다. 그러한 것들은 아무 의미도 없고 가짜라고 생각하기 쉽기 때문이다.

피치 이벤트에서 투자자들이 어떻게 당신을 평가하나

피치 이벤트에서 심사위원과 투자자가 당신을 판단할 수 있는 몇 가지 방법이 있다. 때로는 투자자와 심사위원이 점수를 매기는 형식을 사용하기도 한다. 이 양식은 다음과 같다.

- 시장 기회 : 시장의 크기는 얼마인가? 진입가능시장(TAM, Total Addressable Mmarket)은 어디인가? 비즈니스 모델은 무엇인가? 잠재적 투자 ROI는 무엇인가? 출구는 무엇인가?

- 기술 : 당신의 기술은 무엇인가? 지적재산(IP) 이점은 무엇인가? 최고의 경쟁자와의 차별성은 무엇인가?
- 팀 : 팀의 자격, 지식, 경험 및 실적. 프로젝트를 어떻게 잘 할 수 있는가? 앞으로 닥칠 문제를 어떻게 해결할 수 있나?
- 프리젠테이션 능력 : 당신은 자신감이 있고 지식이 풍부하며 전문적으로 보이는가? 고객에게 판매할 수 있는가?

당신은 위에 열거한 점들을 커버하기 위해 당신의 피치 데크를 편집할 수 있다.
때에 따라서는 심사위원들의 평가양식이 없다. 그들은 그들의 경험과 관심사를 토대로 질문을 한다. 가능한 한 많은 피치 이벤트에 가서 그들이 어떤 종류의 질문을 하는지 보아야 한다.

🎯 창업자들은 피치가 힘들다고 한다. 한 창업 팀은 하루에 7번 피칭을 하고 잠은 2시간 잤다고 한다. 그러나 창업자금 유치에 성공했기에 그 기쁨은 컸다고 한다. 창업 제안이 감격적이면 투자자는 흥분을 느끼고 참가하고 싶어 할 것이다.

🎯 그러나 피치 이벤트에서 투자자가 주의를 기울이지 않고 휴대전화를 보고 있거나 자신을 보지 않는다면 좌절감을 느낄 수 있다.

🎯 투자자가 금융인이나 또는 엔지니어일 경우, 그는 종종 숫자 항목만 살펴볼지 모른다. 문제를 조사하고 어떤 숫자를 제시했다면, 그는 자료를 요구함으로써 당신에게 강한 질문을 할 것이다. 프레젠테이션에 숫자를 입력하면 신뢰할 수 있는 출처를 보여줄 준비를 해야 한다.

피치 준비는 항상 되어 있어라

오전 7시, 스타벅스에서 매일 먹는 디카프 스키니 아이스 카라멜 업사이드 다운 마키아토를 엑스트라 키디 스프링클스 위에 올려놓고 있는데, 옆에 서있는 여자가 멋진 양털 옷을 입고 "뭐하고 계시지요?"라고 물었다.

그녀는 스타트업을 찾고 있는 벤처 캐피털일 수 있다. 아니면 왜 그런 괴상한 짓을 하는지 궁금해 할 수도 있다.

언제든지 이렇게 말할 준비가 돼 있어야 한다. "우리는 의료기록을 작성 중이랍니다." 또는 "6살짜리 딸을 위해 주문하고 있습니다."

단 30분짜리 피치를 2분 만에 할 수 있어야 한다. 항상 슬라이드 없이 피치 할 준비를 하라. 피치 이벤트 현장에 와 있는데 프로젝터가 불에 타버린 경우, 오직 소수만이 슬라이드 없이 자신의 피칭을 할 수 있을 것이다.

◉ 한국계 스타트업에서 두 사람이 샌프란시스코에서 고객과 투자자를 찾고 있었다. 그들은 햄버거 가게에서 줄을 서 있었다. 그리고 옆에 있는 여자와 이야기하기 시작했다. 그녀는 이 제품이 자기 고객을 위해 사용할 수 있을 것이라는 것을 깨달았다. 그녀는 내게 문자 메시지를 보냈다. 나는 그들이 45분 안에 팔로 알토에 올 수 있는지 물었다. 그들이 그녀의 회사로 갔다. 로비에서 그들을 만나 12명의 사람들이 회의를 하고 있는 곳으로 데리고 갔다. 내가 말했다. "당신들이 가진 것을 우리에게 보여 주세요." 30분 후 우리가 말했다. "좋습니다. 언제부터 사용할 수 있나요?"

이상한 질문

투자자들이 때때로 당신의 자료를 보지 않은 것이 분명한 경우가 있다. 또는 다른 것을 요청하기 위해 논의를 중단시키기도 한다. 질문이 관련이 없거나 약간 미친 것 같은 경우도 있다. 한 사람은 "자바 API를 고려했나요? 아니라면 왜 안 했나요?"라고 물었다. 일부 투자자는 공격적이며 당신의 자신감을 테스트하고 오만한지도 더러 볼 것이다. 일부 투자자는 당신의 현재 상황이 어떤지 볼 것이다. 일부 투자자는 혼란스러운 방식으로 어려운 질문을 하며 당신이 어떻게 반응하는지 보기 위해 당신과 마주하고 있을 수 있다. 다른 사람들은 진짜로 무엇을 물어야 할지 모르기 때문에 이런 질문을 할 수도 있다.

자, 이것이 현실이다. 투자자들은 거의 회의 준비를 하지 않는다. 72시간의 작업 끝에 훌륭한 Power point를 만들어 그들에게 보내고 회의에 참석했는데 "그래서 그 회사가 하는 일은 무엇입니까?"라고 묻는다.

그들이 예스라고 말할 때

그들이 예스라고 하는 여러 가지 이유가 있다.
- Graham and Dodd Investors : 컬럼비아 경영 대학원의 두 교수는 메트릭스와 가치에 기초한 합리적인 투자 기준을 개발했다. 이와 같은 결정을 내리는 투자자를 Graham and Dodd 투자자라고 한다.
- 현명한 투자 : 벤처 캐피털은 경험과 지혜를 토대로 투자한다. 동물적 육감투자(Wild guess)라고도 한다.
- 전략적 투자 : 벤처 캐피털은 다른 프로젝트에 도움을 주거나 경쟁 업체의 진입을 막기 위해 프로젝트에 투자한다.
- 대중 투자 : 대중이 몰려다니는 곳에 투자한다. 이것은 또한 FOMO 투자다.

투자 승낙을 얻으려면 보통 6~9개월이 필요하다. 비즈니스 기회에 대해 투자자에게 자주 알려주어야 한다.

🎯 창업자는 공개적으로 제품, 시장 및 데이터에 대한 정보를 투자자와 공유했다. 창업자가 무언가를 숨기고 있는지 여부를 투자자가 알고 싶어 한다는 것을 느꼈기 때문이다. 창업자 역시 개방적인 투자자를 원했다. 창업자 대부분은 투자자들이 개방적이라고 말했다.

🎯 여러 창업자는 그들의 첫 창업을 위해 치밀한 재무 스프레드 시트를 만들었지만 투자자는 이를 보지 않았으며 모든 것이 끊임없이 변하기 때문에 스프레드 시트는 쓸모가 없어졌다.

투자를 거절할 때

거절하는 여러 가지 이유 :
- 당신은 당신이 팀을 가지고 있다거나, 해결할 문제를 찾아냈다거나, 돈을 벌 것이라고 분명히 말하지 않았다. 프레젠테이션 비디오를 다시 보면서 상대의 얼굴에서 그들이 당신을 이해하지 못하는 부분을 찾을 수 있는지 확인해야 한다.

- 관심이 없거나 다른 일을 하거나 자신의 분야나 전략에 적합하지 않는 경우.
- 투자자가 막연히 뭔가를 찾고 있는 경우다. 시장에 대해 배우고 있거나 투자할 준비가 되지 않았을 수 있다.

벤처 캐피털이 당신에게 심하게 대하고 있다고 생각한다면, 그들은 단지 재미로 '갑질'을 하는 것뿐이다. 반대로 벤처 캐피털은 기관 투자자에게 갈 때 을이 되고 갑질을 당해 작아진다.

내가 앞에서 썼듯이, 투자가 프로젝트의 확실성을 말하는 것이 아닌 것과 마찬가지로 투자 거부가 아이디어가 나쁘다는 뜻이 아니다. 진정한 검증은 고객이 제품을 사용하는지 여부이다.

Pandora는 88명의 투자자로부터 거절당했다. 그러나 오늘날 이 회사는 30억 달러의 가치가 있다. Menlo Ventures는 Facebook에 대한 투자를 거절했고 OVP Venture Partners는 Amazon에, Warren Buffet은 Intel에 '노'라고 했다. Venrock은 Xerox, Tanden 및 Compaq을 거절했고 ARCH 벤처 파트너스는 넷스케이프를 거절했으며 가나안 파트너스는 주니퍼를 거절했다. Kleiner-Perkins는 VMWare를 거절했고 Tim Draper는 Google과 Facebook을 거절했다. Nolan Bushnell은 Apple의 33% 주식을 5만 달러에 인수하라는 제안을 거절했다. 오늘 이 주식의 가치는 4,000억 달러가 될 것이다.

자금을 유치할 때

대부분의 스타트업을 추진하는 사람들은 첫날부터 돈을 찾아 나선다. 그들은 비즈니스를 구축하기 위한 비용을 대줄 사람을 찾고 있다. 그들은 또한 생계를 유지하고 임대료를 대줄 사람을 찾고있다.

이 경우 두 가지 문제가 있다. 첫째 실행 가능한 비즈니스를 가지고 있지 않다면 돈을 얻기가 어렵다. 당신의 시간 중 절반 이상을 투자자와 이야기하는 데 쓸 것이다. 두 번째 문제는 더 나쁜 경우인데, '돈을 주고 그 대가로 요구하는' 것이다. 갑자기 그 사람은 보스가 되어 "고객과 인터뷰에 시간을 낭비하지 마라." "돈을 벌도록 하라."고 한다. 이런 경우 아직 문제가 많은 제품을 가지고 세일즈를 시작하고 마케팅 작업을 수행해야 한다. 매주 얼마나 많은 돈을 벌었으며 어떻게 매출을 증대할 것인가를 보고

해야 한다. 너무 서둘러 시장에 진입하여 창업은 실패로 이어질 것이다.
만약 당신이 먼저 고객의 문제를 알게 되고 해결책을 찾아낸다면 비즈니스 모델을 갖게 되고 그런 다음에 투자를 유치하는 것은 쉬운 일이 될 것이다.

요청 : 얼마나 투자유치를 하나?

얼마나 많은 돈이 필요한가? 자문역과 함께 진로와 비용을 추정하고, 예비로 안전 쿠션을 추가하고, 반올림하라.

내가 "계산하라"고 말하는 대신 "추측하라"고 말한 것을 당신은 알 것이다. 스프레드시트를 작성하고 모든 숫자를 더할 수는 있지만 현실은 다를 것이다. 다음 6개월 동안 4번이나 5번 진로를 변경할 때 가야 할 길은 무엇일까?

🎯 과유불급이란 말처럼 너무 지나쳐서는 안 된다. 한 친구가 그의 프로젝트에 대해서 말해 주었다. 아주 쉽게 사업을 할 수 있는 일이었는데, 단지 자금이 20만 달러가 필요했다. 그는 1억 달러의 투자유치를 하려 한다고 말했다. 투자자들은 바보가 아니다. 모두가 그런 것은 아니지만 말이다. 그들은 수천 가지의 제안을 받고 얼마나 시간이 걸릴지 아는 센스가 있다. 투자자들은 그가 뭘 하려고 하는지 모른다고 생각할 것이다. 다시 말해서 수치를 가지고 자문관들과 논의를 먼저 하라.

너무 많은 돈을 유치하려고 해서는 안 된다. 당신이 필요 이상으로 자금을 모으는 일은 너무 많은 준비작업이 필요하다. 그보다 더 나쁜 것은 투자자들도 회사에 더 많은 것을 요구할 수 있다는 것이다. 필요한 것을 키우고 가능한 한 자금유치를 적게 하는 것이 좋다.

🎯 얼마라고? 만일 당신이 20만 달러가 필요하고 그것을 요청했다면 아무도 당신을 심각하게 생각하지 않을 것이다. 그것은 매우 적은 것이다. 50만 달러를 요청해 보라. 우리 스타트업 중 하나는 25만 달러의 자금이 필요하다고 추산하였고 따라서 50만 달러를 조달하여 안전을 위해 여유 자금을 보유했다. 후에 투자자에게 여유자금은 돌려줬다. 당신은 '요청(The Ask)'에 대해 궁금해 할지 모른다. "요청은 무엇인가요?(what's the ask?)"에서와 마찬가지로 이것은 신청(a request)에 대한 새로운 단어

이다. 그렇다. 조금 이상한 말 같지만 사람들은 그렇게 말한다.

활주로

그 마지막 섹션은 활주로에 대한 이야기이다. 비행기는 약 13,000피트(2.5마일 또는 4,000m)의 활주로가 필요하다.

스타트업이 이륙하고 돈을 벌기 위해 12개월이 필요할 것이라고 가정해 보자. 그러면 당신의 활주로는 12개월이다.

활주로의 거의 끝에 도달할 즈음에 더 많은 돈이 필요하다는 것을 알고 싶지는 않을 것이다. 활주로, 월간 비용(임대료, 피자 등)을 비롯하여 무엇이든 추가하고 조금 더 추가하고 활주로를 따라가라. 활주로 끝까지 도달할 수 있는 충분한 돈을 모아야 한다.

수표, 전환사채, SAFE, 또는 현금

수표 외에도 몇 가지 다른 유형의 자금이 있다 :

- Convertible notes(전환사채) : 대출 대신에 당신은 컨버터블 노트를 사용할 수 있다. 투자자는 스타트업에 돈을 빌려주고 어음이 만기가 되면(예 : 1년인 경우) 투자자는 이자가 아니라 주식을 얻는다.
- YC의 SAFE : Y-Combinator는 전환사채를 대체할 SAFE(미래 주식을 위한 단순 주식 ; Simple Equity For Future Equity) 계약을 개발했다. 전환사채는 부채인 대출인데, SAFE는 부채를 만들지 않고 돈을 버는 방법이다. ycombinator.com/documents/#safe에서 자세한 내용을 볼 수 있다.
- 현금 : 한 투자자가 오케이 라고 말했다면 그녀는 5만 달러를 투자할 것이다. 그녀는 현금을 종이봉투에 갖고 있다. 우리는 그것을 세고, 영수증을 주었다. 그리고 우리 넷은 은행으로 갔다.

변호사와 고문과 상담하라.

투자자와 문제

당신의 이익과 투자자의 이익은 동일하지 않다. 투자자는 30개 또는 40개의 회사에 투자 할 것이지만 대부분은 실패할 것이다. 어떤 회사가 실패하고 있는 것을 보았을 때, 그는 더 잘 될 것으로 보이는 회사에 시간과 돈을 투입할 수 있도록 한다. 당신이 잘하지 않으면 철수하고 지원을 중단할 것이다. 당신은 단 하나의 회사뿐이지만 그에게는 30개의 기업이 있기 때문이다.

일부 벤처 캐피털(VC)들은 자신이 말하는 것에 대해 제대로 알지 못하면서도 그것이 맞다고 고집하기 때문에 당신은 끝없는 논쟁에 휘말리게 된다.

벤처 캐피털은 또한 그들 사이에서 싸운다. 나는 이 일에 더 끼어들지 않겠지만, 그런 일이 생기면 누가 손해일까?

🎯 일부 창업자는 여러 모임을 통해 많은 사람들에게 이런 사실을 알려주었다. 이런 일은 셀 수 없이 많이 일어난다. 그들은 또한 일반적으로 주고받는 소통(feedback)이 잘 안 된다고 한다. 투자자들은 아무 말도 하지 않았고("아니오" 외에) 왜 그들이 "아니오"라고 말했는지 설명하지 않았다.

당신에 대한 정밀 실사

벤처 캐피털이 당신에게 투자하기로 결정하기 전에, 그들은 정밀실사(DD, Due Diligence)를 수행한다. 이것은 그들이 당신의 이력을 실사한다는 것을 의미하며, 그들은 당신의 신용 기록, 졸업 및 학위, 근무 경력, 과거 주소, 범죄 기록 등을 확인하기 위해 정밀 실사 회사를 고용한다. 그들은 또한 공동설립자, 고문 및 다른 사람들에게 당신의 배경, 기술, 작업 스타일, 성격, 연결 및 미래 계획에 대해 질문할 것이다. 그들은 공동창립자에게 그가 당신을 얼마나 잘 아는지 물어볼 것이다. 실사 수준은 FBI 수준의 배경 조사에서 "그래, 무엇이든"까지 다양하다. 일부는 DD 회사를 고용하고, 일부는 Facebook 페이지를 보고, 다른 사람들은 선도 투자자의 의견을 참조한다.

🎯 많은 창업자들의 말에 의하면, 투자자는 실사의 초점을 사업 계획과 개인 이력에 맞추었지만 기술적인 문제는 무시했다고 한다. 몇몇은 투자자들이 한 줄의 코드도 보지 않았다고 말했다.

🎯 일부 벤처 캐피털은 메트릭스를 이해하고 이에 대해 깊이 묻는 경우가 있다. 스타트업이 빠르게 성장하고 있고 벤처 캐피털이 너무 많은 시간이 걸리는 많은 질문을 한다면, 밀당을 하거나 다른 투자자와 추진할 수도 있을 것이다.
정밀심사 결과보고서는 10~20페이지 분량이다.

벤처 캐피털에 대한 당신의 정밀조사
당신도 당신의 투자자에 대한 심사를 할 수 있다.(이런 날이 올 줄 알았죠?) 사람들이 수십억 달러를 벌 수 있는 게임에서는 거짓말을 할 강한 인센티브가 있다. 투자자의 웹 사이트, 블로그, Twitter, Facebook 및 LinkedIn을 점검해 봐야 한다. 또한 CrunchBase와 Angel.co에서 투자자를 연구해야 한다. 하버드를 졸업했다고 말하면 그가 실제로 하버드에 갔는지 확인해 보라.
벤처 캐피털들을 조사하기 위해 동일한 DD 회사를 고용할 수 있다. 벤처 캐피털에 대한 DD 비용은 약 3,000달러다. 당신은 그의 이면 거래, 이익의 충돌, 사기로 인한 체포는 물론 월스트리트, 그의 아내, 정부, 그리고 여자 친구로부터의 평생 일어난 법적 금지에 대해 알게 될 것이다.
투자자와 대화를 시작할 때 투자자의 인맥을 물어보라. 고문과 상의하고 설립자들을 위한 좌담회를 열 수 있는지 확인하라.

🎯 창업자는 투자자를 실사해야 한다. 창업자는 투자자가 스타트업 기업과 어떻게 협력할 것인지 질문해야 한다. 그가 투자한 스타트업과도 이야기해 봐야 한다. 그가 도움이 되는지, 성가시게 구는지, 그가 어떤 가치를 부여하는지, 그와 어떤 관계가 있는지, 어떤 조언을 주는지 물어보라. 만일 창업자가 펀딩이 너무 간절하여 아무 확인 과정도 없이 자신이 할 수 있는 것들을 한다면, 그는 나쁜 투자자와 끝내야 한다.

비즈니스 모델
비즈니스 모델에 대한 질문을 받게 될 것이다. 이것은 당신이 어떻게 돈을 벌 것인가 하는 말인데, 몇 가지 방법이 있다 :
- 광고 수익 : 사람들이 사이트에 광고를 게재하고 클릭하면 돈을 벌 수 있다. 미디어

사이트와 많은 앱이 이를 수행한다.
- 제휴사 : 다른 회사의 물건을 제공하며, 누군가 물건을 구입하면 몇%의 수수료를 얻을 수 있다.
- 구독 : 사람들은 월간 또는 연간 구독료를 지불한다. 이것은 잡지, 신문 및 소프트웨어에 적용된다.
- 판매 : 제품을 판매하는 것.

아니면 선 불교도라고 말하면서 돈에 대해서 신경 쓰지 않아도 된다. 지금은 사업이 가능한지 파악하고 있기 때문에 아마 지금은 차선의 대답이 될 것이다. 나중에 제품을 판매하기 시작하면 다양한 비즈니스 모델을 시험해 볼 수 있다.

벤처 캐피털에 대한 당신의 강점

수천 명의 투자자와 벤처 캐피털도 똑같이 많은 돈을 가지고 있다. 그리고 그들은 모두 더 많은 돈을 원한다. 그런데 당신은 유능한 팀을 구성하고 좋은 아이디어를 검증할 수 있는 능력이 있다. 이것은 당신의 강점이다. 그들은 당신을 필요로 하지만, 당신은 언제든지 다른 투자자에게 갈 수 있다. 이점을 강조하고자 한다. 투자자는 많지만 당신에게는 단지 몇 사람만 필요하다.

벤처 캐피털이 진짜로 원하는 것

벤처 캐피털을 다루는 가장 좋은 방법은 그들이 실제로 필요한 것을 이해하는 것이다. 벤처 캐피털은 10년의 수명주기를 갖는 기금을 조성한다. 그들은 처음 6년 동안 스타트업에 투자한다. 대부분의 스타트업은 실패하기 때문에 약 20~24개의 스타트업이 필요하다. 즉, 매 분기마다 6년 동안 스타트업을 새롭게 추가해야 한다는 의미이다.

새로운 펀드는 사업거리를 찾는다. 벤처 캐피털과 엔젤은 그들이 아는 분야에 투자한다. 당신이 생명공학 분야라면 핀테크(fintech) 투자자를 귀찮게 하지 마라. 업계 프로파일(생명공학, AI, 그리고 무엇이든 간에)과 일치하고 우수한 팀을 보유하고 있다면 당신은 문제를 해결하고 그들은 투자할 것이다.

기금주기 초반에 벤처 캐피털은 돈이 많아서 남자다운 감정으로 과감한 결정을 내릴 확률이 높다. 몇 년 후, 그들은 몇 가지 더 많은 거래가 필요하기 때문에 신중하게 평가하기 시작한다. 벤처 캐피털의 펀드 기록을 보라. 방금 시작한 벤처 캐피털에 기회가 있다.

벤처 캐피털은 어떻게 수익을 창출하는가

또한 벤처 캐피털이 어떻게 수익을 창출하는지 이해하는 데 도움이 된다.
- 한 벤처 캐피털이 1억 달러의 새 기금을 조성할 것이라고 발표했다.
- 이는 1년짜리 기금이 될 것이다. 그가 2017년에 조성한다면, 그는 10년간 펀드를 관리 할 것이고, 지불은 2027년이 될 것이다.
- 그는 로마 숫자로 이름을 짓는다. Fund IV처럼 말이다. 어쩌면 애마 애호가 또는 스타트랙의 악당 이름을 따서 만든다.
- 그는 기금을 만들기 위해 돈을 모은다. 그는 대형 뮤추얼 펀드, 연금과 기금, 대학 기부금, 국부 펀드(노르웨이 또는 사우디아라비아 등), 종친회 사무실, 자선 단체 등에서 돈을 관리하는 하버드, 스탠포드 또는 와튼(Wharton) 비즈니스 스쿨 졸업생을 만나기도 한다. 그리고 다른 그룹과 함께 수십억 달러의 기금을 조성한다.
- 세법 때문에 벤처 캐피털은 그의 돈 중 일부를 펀드에 넣어야 하므로 1%를 넣으면 100만 달러가 된다.
- 벤처 캐피털은 2:20법칙을 따른다. 이는 2%와 20%를 의미한다. 2%는 관리 수수료이므로 1억 달러 기금의 경우 200만 달러를 수수료로 받는다. 그는 펀드가 살아 있는 동안 함께 살아간다.
- 그가 성공하고 펀드가 투자자에게 돈을 지불하면 그는 잉여의 20%를 얻는다. 20%를 '캐리(the carry)'라고 한다. 펀드가 4억 달러가 되면, 1억 달러 원금을 갚고 3억 달러의 이익을 냈다. 그래서 그는 이익의 20%를 얻는다. 이것은 6,000만 달러다. 이것은 벤처 캐피털의 실제 게임이 캐리임을 의미한다.

만약 당신이 큰 사무실과 많은 직원을 가지게 되면 벤처 캐피털은 더 잘난 체 할 것이다. 그는 당신이 사람들을 고용하도록 밀어줄 것이다. 그는 물론 당신에게 그의 사교 친구들, 여자 친구, 그리고 가난한 아이들을 고용하라고 권할 것이다.
벤처 캐피털의 사업을 이해한다면 그들과 협상을 잘 할 수 있을 것이다. 만약 50만 달러가 필요하다면 1억 달러를 이야기하라. 3억 달러 자금유치를 이야기하는 것은 좋은 방법이 아니다. 그들은 투자자에게 4배의 수익을 약속했기에 이는 12억 달러가 될 것이다. 그들이 유니콘을 사냥하는 이유가 이것이다. 만약 당신의 출구전략이 1억 달러라면 벤처 캐피털은 20%을 얻는데 이는 12억 달러 목표의 2%에 불과할 것이다. 당신에게는 1억 달러가 큰돈이지만 벤처 캐피털에게는 한 톨의 땅콩에 지나지 않는다. 당신의 사업 모델에 맞는 벤처 캐피달 자금을 찾아야 한다.

당신이 벤처 캐피털 기업이 하는 일을 이해한다면, 일을 더 잘 처리할 수 있다. 당신이 50만 달러가 필요하고, 스타트업이 1,000만 달러에 팔릴 수 있다면 5억 달러짜리 벤처 캐피털 펀드를 이야기할 필요가 없다. 그들의 최소 투자액은 1,000만 달러가 될 것이다. 그들은 유니콘을 사냥하고 있기 때문이다. 비즈니스 모델과 일치하는 벤처 캐피털 펀드를 찾는 것이 좋다.

많은 세부 사항이 있지만 이것은 일반적인 현상이다.

잠깐, 다른 질문이 있다. 왜 "캐리 (carry)"라고 불리는가? 왜 20%인가? 기원전 1,500년에 페니키아인들은 올리브, 밀, 포도주, 목재와 터키에서 스페인으로 다른 것들을 운반하는 대규모 지중해 상선을 보유하고 있었다. 당신이 그리스에서 스페인으로 10톤의 올리브유를 보낼 때 그들은 운반비로 20%의 기름을 받았다. 이것은 그들의 올리브유가 2톤이라는 것을 의미한다. 실리콘 밸리 벤처 캐피털은 3500년 된 비즈니스 모델을 기반으로 하는 것이다.

페니키아인은 바다 괴물에 대해서만 염려해야 했다. 벤처 캐피털은 투자자 퇴조를 걱정한다. 5년 차에 캐리가 지급되지만 6년 차에 손실이 발생하면 투자자는 돈을 회수하기 위해 물갈퀴를 사용한다. 예를 들면, 벤처 캐피털은 작년에 자신이 만든 수익을 돌려주어야 한다. clawback이 벤처 캐피털 파트너에 의해 공유되면, 그들은 실패한 벤처 캐피털을 커버해 주어야 한다. 그것은 꽤 나 빠질 수 있다. 때로 벤처 캐피털은 환수금을 충당하기 위해 집을 팔아야 한다.

벤처 캐피털에게 물어보라

질문에 대답만 하지 말고 질문하라.
- 우리 회사와 동종업계에 있는 회사에 투자하고 있나? 만일 대답이 "예스"라면 그 벤

처 캐피털은 경쟁자에게 자금을 지원하고 있는 것이다. 당신이 무엇을 알게 되든, 그들은 그것을 숨기려 할 것이다.
- 투자를 어떻게 선택하는가?
- 지난 10년간 당신이 투자한 목록을 보여줄 수 있나? 그 목록을 보고 그들과 협상하는 것이 좋다.
- 투자 성과는 어떠했나?
- 이사회는 어떤 역할을 하나?
- 스타트업을 위해 매일 무엇을 하는가? 조언, 소개, 고객, 직원 및 계약자를 제공하는가? 예를 들어 줄 수 있나?
- 왜 우리 회사가 귀사의 좋은 투자처라 생각하는가?

투자 계약은 벤처 캐피털에게 당신에 대한 많은 권한을 부여할 것이므로, 그가 어떻게 일하는지 이해해야 한다. 약속에 대해 신경 쓰지 마라. 과거의 그가 투자한 모든 회사에 전화를 걸어 그들이 말하는 것을 들어보라. 그가 스타트업 명단에 올리지 않은 기업을 찾아보고 그들에게도 전화해보는 것이 좋다.

Y-Combinator가 벤처 캐피털의 업무방식을 바꾸었다. YC 이전에는 벤처 캐피털이 유일한 투자 원천이었기 때문에 벤처 캐피털이 권력을 가졌었다. 그러나 YC가 창업에 대한 서비스를 제공한 이후, 지금은 벤처 캐피털이 스타트업을 위해 실제로 뭔가를 해야 한다.

투자자 중에는 투자한 많은 돈에 대해 감시하기 위하여 당신 회사의 이사회 자리를 원하거나, 자신이 당신 회사의 사업 운영을 도울 수 있다고 생각하여 자리를 원할 것이다. 그가 가치를 높일 수 있는지 확인해야 한다. 돈이 물론 좋지만 전략을 가지고 돕는 사람이 더 좋은 일이다.

🎯 창업자는 goo.gl/9174U3에서 질문 목록을 참고하시라.

똑똑한 돈과 멍청한 돈
또 다른 실리콘 밸리 아이디어는 똑똑한 돈(smart money)과 멍청한 돈(dumb money)이다.

- 똑똑한 돈은 경험과 연결을 제공하는 투자자이다. 그는 공동설립자, 고문, 고객 및 추가 투자자를 소개할 수 있다.
- 멍청한 돈은 업계에서 경험이 전혀 없는 투자자로서 사업연결 고리가 없고 투자를 이해하지 못한다. 'Kickstarter 기금은 스타트업 자체에는 도움이 단지 돈만 주기 때문에 멍청한 돈이라고 한 다.

멍청한 돈보다 똑똑한 돈을 투자 받는 것이 좋지만, 때로는 멍청한 돈을 받는 게 낫다. 그들은 당신을 괴롭히지 않을 것이기 때문이다.

🎯 한 창업자에 의하면 이는 다른 방향으로도 간다. 일부 스타트업 기업은 돈에만 관심이 있다고 한다. 그들은 투자자에게서 배우기를 원하지 않는다. 하지만 좋은 투자자는 인맥과 경험이 있으며 그들로부터 배워야 한다. 조언과 제안을 요청할 수 있다.

🎯 창업자 중 몇 명은 2개월마다 투자자와 만났다. 그들은 사업 진척에 대한 자료를 업데이트하고 전략의 변화를 논의했다. 다른 창업자들은 투자자들로부터 투자만 받았고 전략은 없었다고 말했다. 투자자들이 그들을 홀로 남겨 두었던 셈이다.

투자자와 결혼하라

지금까지 살펴본 것처럼, 투자자를 단순히 돈이라고 생각해선 안 된다. 자금을 마련하면 투자자와 긴 관계를 맺게 된다.
단 두 번의 데이트로 결혼해서는 안 되는 것처럼, 자금을 성급하게 조달하지 않아야 한다. 당신과 당신의 투자자가 프로젝트에 연계되어 있는지 확인하라. 당신의 목표가 장기적인 발전이고 투자자의 목표가 단기수익이라면 문제가 있을 것이다.
투자자는 이사회의 멤버가 될 수 있으며, 이로써 많은 권한을 갖게 된다. 당신이 동의하지 않는다면 결정을 받아들이도록 강요할 수 있다.
당신은 당신의 투자자와 전략적 관계여야 한다. 그것은 단지 돈의 문제가 아니다. 그들이 당신을 위해 무엇을 할 수 있는가? 그들은 어떻게 당신을 도울 수 있는가? 좋은 투자자는 당신을 다른 투자자에게 소개할 수 있기 때문이다.

🎯 투자를 받는다는 것은 투자자와 결혼하는 것과 같다. 당신의 이상적인 파트너(당신의 결혼 또는 투자 여부)는 당신이 함께 일하는 장기 파트너십이 될 것이다. 좋은 투자자는 당신이 해당 산업에 깊이 진입하도록 도와줄 수 있다. 투자자는 또한 경제적 어려움에서 당신을 떠받치는 재무적 연결과 자원을 가지고 있다.

🎯 당면한 투자만이 중요한 건 아니다. 투자자들은 다음 라운드를 지원할 것이고 그들이 라운드를 끊으면 당신은 곤경에 빠지게 될 것이다.

벤처 캐피털의 문제점들

경험 상 나는 벤처 캐피털에 대해 냉소적이다. 스타트업을 해 본 대부분의 엔지니어는 벤처 캐피털에 대해 부정적인 의견을 가지고 있다. 그러나 내가 벤처 캐피털들과 이야기를 나눴을 때, 벤처 캐피털들도 벤처 캐피털에 대해 정말로 부정적이었다. 여러 벤처 캐피털들이 나에게 다음과 같은 이야기를 했다 :

- 벤처 캐피털은 이익의 20%를 얻는다. 만일 그들이 진정 스타트업이 제대로 돌아갈 것이라고 생각한다면, 그들은 집을 팔고, 자녀의 대학을 위한 저축금을 투입하고, 융자를 받는 등 '올인'해야 한다. 창업자들은 이렇게 한다. 그런데, 벤처 캐피털들은? 자본주의의 남자다운 이 챔피언들은? 노, 그들은 침대 밑에 숨는다. 그들은 단지 세법 때문에 1% 세금을 낼 뿐이다.
- 벤처 캐피털은 왜 성공할 가능성이 높은 스타트업에 투자하지 않는 걸까? 벤처 캐피털은 실제로 어떤 사업이 잘 될지 모르기 때문이다. 그들은 예측을 잘 한다고 생각하지만, 실은 95%의 실패율을 보인다.
- 일부 벤처 캐피털은 FOMO(따돌림에 대한 두려움;Fear of Missing Out)에 의해 운영된다. 그들이 큰 수익을 올리지 않으면 투자자가 다음 펀드에 돈을 주지 않을 것이다. 어느 창업자가 내게 말했듯이 "그들은 더 이상 리무진도 매춘부도 아니다."
- 벤처 캐피털은 일이 어떻게 진행될지 알지 못하기 때문에 서로 거래를 나누어 위험을 분산시킨다. 이것은 외부인을 차단하는 긴밀한 네트워크를 만든다. 실리콘 밸리에는 약 1,000개의 중요한 벤처 캐피털이 있다. 스탠포드, 하버드, 와튼의 명문대학 출신으로 믿을만한 사람들이 얼마나 되는지 생각해 보라.

- 벤처 캐피털은 상담을 시작하기 전에 "다른 벤처 캐피털과 상담 하였습니까?"라고 묻는다. 당신이 어떻게 대답하더라도, 당신이 떠나자마자 그들이 생각하는 다른 사람들을 부른다. 당신과 맺은 NDA는 쓸모가 없어진다.
- 벤처 캐피털은 계약서에 "첫 번째 거절의 권리"를 두기 때문에 언제 투자를 할 것인지 먼저 물어야 한다. 그 질문은 나이스 하게 들리겠지만, 그들은 가치 평가를 미리 설정할 수 있다. 다른 벤처 캐피털이 더 높은 가치를 제공하면 첫 번째 벤처 캐피털이 그를 차단할 수 있다.
- 벤처 캐피털은 위험에 대해 크게 이야기하지만 그들의 돈이 아니기 때문에 자신들에게 위험은 별로 없다. 그러고도 2% 수수료를 챙긴다. 벤처 캐피털이 바하마에서 골프를 치는 동안, 당신은 2년 동안 주당 80시간 일하며, 식은 피자와 더운 코카콜라를 마시며 살아야 한다.
- 일부 벤처 캐피털은 스타트업이 자신의 사교 친구들과 실패한 조카에게 일자리를 제공하는 방법이라고 생각한다. 나는 벤처 캐피털이 투자한 스타트업에서 일하면서 이 회사를 설립한 CEO를 강등시켰고, 한 번도 일자리를 얻지 못했던 그의 아들로 바꿨다. 리셉셔니스트도 더 존경심을 느꼈다.
- 당신과 사이코 게임을 하려 드는 벤처 캐피털들도 있다. 당신에게 돈이 간절하다는 것을 그들이 알아챈다면, 그들은 몇 주 동안 더 시간을 끌 것이다. 뭐라고요? 이번 주 금요일까지 3개월 치 집세를 지불해야 한다고요? 그렇지 않으면 당신과 개가 집을 비워줘야 한다고요? 다음 달에 만납시다. 아니면 여기에 얼른 서명하시죠. 우리가 10% 더 받는 것으로 할게요. 우린 당신을 도우려는 거예요, 선생님!

벤처 캐피털과 거래해 본 경험이 있는 실리콘 밸리 엔지니어와 상담하는 것이 좋다. 그들은 당신에게 더 많은 이야기를 해 줄 것이다.

🌱 창업자와 투자자는 서로 다른 목표를 가지고 있어 갈등이 생길 수 있다. 벤처 캐피털의 목표는 가치를 극대화하는 것이다. 벤처 캐피털의 말은 "더 많은 돈을 벌어라"는 것이다. 그들은 창업자들을 돕기 위해서 거기 있는 것이 아니다. 이에 반해 창업자는 늘 스타트업에서 일한다. 벤처 캐피털이 돈을 삭감하면 창업자들은 배신감을 느끼게 된다.

🎯 창업자와 재무관리자는 다른 방식으로 세상을 다룬다. 일반적으로 엔지니어 출신 창업자는 정보를 공유하는 것으로 생각한다. '다리'를 만들면 엔지니어링 데이터를 다른 엔지니어와 공유하여 '다리'가 무너지지 않는다고 생각한다. 그러나 금융 분야의 사람들은 정보를 공유해서는 안 되는 것으로 간주한다. 은행은 당신에게 집세를 지불하는 동안 4.6%의 이자율로 90만 달러의 비용이 들 것이라는 사실을 알려주지 않는다. 정보를 공유하는 것은 엔지니어에게 이익이지만 정보를 독점하는 것은 재무관리자에게 이익이 된다.

'돈 세상(World of Money)'과 벤처기업

사람들이 10억 달러가 많은 돈이라고 생각하기 때문에 실리콘 밸리에서 10억 달러는 큰 존재감이 있다. 그러나 월스트리트, 런던, 파리, 취리히는 더 큰 돈으로 게임을 한다.
미국 벤처 캐피털 업계는 연간 약 300억 달러를 운용한다. 사모펀드(PE)는 3000억 달러를 처리한다.
정말 큰 손들은 2조9,000억 달러를 처리하는 헤지 펀드이다. 거의 3조 달러. 그들에게는 벤처 캐피털 세계가 '반올림 오류' 정도의 사이즈이다.
헤지 펀드인 Bridgewater는 단독으로 1,600억 달러를 처리한다. 이는 미국의 모든 벤처 캐피털 회사보다 5배나 큰 것이다. Bernie Madoff의 폰지 사기 음모는 500억 달러였다. 벤처 캐피털과 대화할 때 이 점을 기억해야 하는데, 그들은 '빅 리그'에 있지 않다.

계약 조건

투자자가 관심이 있다면, 그들은 당신에게 계약조건 목록을 제시할 것이다. 이것은 투자금의 규모, 지분 규모, 다양한 조건을 명시하는 10페이지 정도의 짧은 계약서이다. 법적으로 작성되었으므로 그 함의를 이해하기 위하여 변호사와 자금담당 고문의 자문이 필요하다.
예를 들어, 계약조건 목록에는 구속조항이 포함되어 있으므로 다른 투자자와의 논의를 중단하고 기다려야 함을 의미한다. 양측이 계약조건을 수락하거나 거부할 때까지 당신은 4~6주 동안 아무 것도 할 수 없게 된다.
그러나 벤처 캐피털은 그렇지 않다. 그들은 실사에서 발견한 내용이나 라스베이거스에서 돈을 잃어 버렸던 것에 근거하여 언제든지 자신의 계약조건이 담긴 서류를 철회할 수 있다. 그들은 왜 그들이 철회했는지 당신에게 말해주지 않을 것이다. 그들이 더 나은 거래를 계속 찾는 동안 당신을 거래로 묶을 수 있다. 그들이 기다리는 시간이 길수록 당신은 더 절실해진다.

또 다른 게임은 시한폭탄 같은 계약조건 서류이다. 그들은 스타트업에 48시간의 시한을 준다. 그것은 나쁜 조건을 가지고 있지만 협상할 시간이나 이해할 시간이 없으므로 빨리 받아 들여야 한다.

주식 희석

투자자가 투자하여 스타트업이 성장할 수 있다. 대신에 스타트업은 이 투자자들을 위해 새로운 주식을 발행하여 일정 비율의 주식을 추가로 만든다. 그러나 이것은 창업자의 소유지분 비율을 희석시킨다.

예를 들어보자. 당신은 사과주스 한 병을 가지고 있다. 여기에 물 한 잔을 추가한다. 병 속에 물은 더 많아지지만 주스는 희석되어 멀겋게 된다. 이는 자금조달에도 동일하게 적용된다.

- 당신과 당신의 공동설립자가 80%를 가지고 있다고 가정하자. 당신 외에 공동설립자가 2명이 있어 각자의 지분은 26.7%(80%의 1/3)이다.(나머지 20%는 향후 직원을 위한 옵션 풀이다.)
- '활주로'로 20만 달러가 필요하다고 추산한다. 투자자가 20만 달러를 투자하면 회사 주식의 20%를 투자자에게 제공한다.
- 회사는 투자자를 위해 추가로 20만 주를 만든다. 투자자는 주식에 대해 20만 달러를 지불한다.(주당 1달러). 이것은 20%가 20만 달러인 경우 스타트업의 가치를 100만 달러로 끌어 올린 것이다
- 회사는 현재 총 120만 주를 갖게 되고 신규 투자자는 회사의 지분 16.66%를 소유하게 된다. 그는 20%를 지불하고 16.7%를 얻는 것이다. 마법 같은 거냐고? 아니다.
- 당신의 지분 26.7%(266,667주)와 공동설립자 주식 또한 새로운 주식의 영향을 받는다. 새로운 주식이 발행된 후 당신의 비율은 26.7%에서 22.2로 줄어든다

(266,667/12,000,000). 주식의 소유비율은 희석됐지만 주당 주식가치는 0.0001달러에서 1.00달러로 상승한다. 시작할 때의 당신의 주식가치는 낮았지만 이제는 가치가 있다. 이전에는 100달러의 26.7%의 비중을 차지했었지만 지금은 120만 달러 중 22.2%를 가지고 있게 되었다.

희석은 초기 투자자에게는 좋지 않으므로 비례 권리로 자신을 변호한다.
(아래에서 더 설명함)
각 투자 라운드마다 원래 팀의 주식가치는 다시 더 희석된다. 20년 전에는 투자자가 회사의 많은 부분을 요구했었다. 창업자는 자신의 지분이 5%로 희석됐을 때, 열심히 일할 이유가 별로 없다는 것을 알게 되었다. 더구나 투자자가 모든 돈을 얻고 투자를 중단할 수도 있다. 일부 국가의 투자자는 아직 이 사실을 알지 못한다. 이것이 당신이 공동설립자에게 5%를 주지 말아야 하는 또 다른 이유이다. 주식가치가 얼마간 희석된 후에, 그들은 끝낼 것이다. 투자자들은 회사의 지분을 너무 많이 차지하지 않는 것이 자신의 이익이라는 것을 알게 되었다.
이것은 공동설립자로 8명이 너무 많다는 또 다른 이유이다. 80% 주식을 8로 나누면 각각 10%가 된다. 약간의 자금조달 라운드만으로도 너무 희석된다.

주식 비례배분 권리

또 다른 투자자의 요구는 주식지분의 비례 권리이다. 증자를 하는 경우 증자비율에 따른 추가 지분을 보유할 수 있도록 더 많은 주식을 살 권리가 있다.
자본금 100만 달러의 기업에서 투자자의 소유 지분이 16.7%인데, 새로 40만 달러를 증자한다면 그의 비율은 11.9%로 희석될 것이다. 희석을 방지하기 위하여, 즉, 16.7%를 유지하기 위하여 그는 더 많은 돈을 투입해야 할 것이다.
그러나 창업자는 비례 권리를 갖지 않으므로 자금조달 시마다 지분이 줄어들게 된다.

우선주

투자자와의 또 다른 문제점은 우선주이다. 당신은 보통주를 가지고 있지만 투자자는 우선주를 원한다.

이것은 당신이 회사를 팔 때 그가 돈에 대한 1순위 권리를 얻는 것을 의미한다.
그가 10배의 수익을 조건으로 100만 달러를 투자한다면, 원래 100만 달러의 투자원금과 1,000만 달러의 수익을 얻게 된다. 그리고 나머지 수익은 주식 소유권에 비례하여 나누어진다. 그의 주식지분이 30%라면 그는 나머지의 30%도 얻는다.
회사를 1억 달러에 팔면 그는 원금 100만 달러, 수익 1,000만 달러, 잔여 지분 3,000만 달러를 얻는다. 나머지는 당신 팀을 위한 것이다.
그런데 이 방식에는 문제가 있다. 벤처 캐피털은 낮은 가격으로 판매가 더 쉽다는 것을 안다. 높은 가격에 판매를 할 인센티브가 거의 없으니 선호하지 않을 것이며 낮은 가격으로 판매할 것이다. 그가 1,000만 달러로 제안을 받는다면, 그는 회사를 팔고 10배의 수익을 얻지만 나머지 사람들은 얻는 것이 없게 될 것이다.
투자자는 창업자를 퇴출시킬 수 있다. 창업자가 주식대금을 지불하지 않으면 베스팅되지 않은 주식을 취할 수 있다. 스타트업에서 벤처 캐피털이 창업자를 해고하려고 시도했지만 다른 공동설립자들이 회사를 그만 두겠다고 위협하는 경우도 있다.
벤처 캐피털이 스타트업에 투자할 때는 스타트업의 회사가 종료되고 스타트업이 새로운 회사로 다시 시작하는 것이다. 벤처 캐피털은 자기 통제하게 두기 위해 이 새로운 회사를 설립한 것이다. 실리콘 밸리의 억만 장자는 설립자들로부터 주식을 빼내기 위해 이 방법을 이용했다. 창업자들은 수년간 회사를 세우기 위해 열심히 노력했고 회사는 수십억 달러를 벌어 들였다. 그러나 그들 창업자들은 아무것도 얻지 못했다.
당신은 이제 트렌드를 알아차렸는가? 불공평하지만 돈은 투자자가 가지고 있기 때문에 참아야 한다. 자금을 스스로 확보한 뒤에는 더 이상 투자자와 거래할 필요가 없어진다.

장기적인 자금유치 전략

지금까지 우리는 자금 유치 전술과 자금 지원 방법을 다루었다. 자금 유치에는 전략이 필요하다.
스타트업 자금유치는 한 번에 끝나는 것이 아니다. 투자자가 처음에 너무 많은 지분을 갖게 되고 주식 희석화가 여러 번 이루어지면, 창업자의 지분은 거의 제로가 되기 때문에 문제가 된다.

또한 출구 전략을 고려해야 한다. 일부 스타트업 기업은 많은 자금을 모으고 수억 달러에 판다. 반면에 다른 스타트업이 그들이 필요로 하는 만큼만 자금 유치를 하고 파는 것 또한 낮은 가격에 판다. 창업자는 더 많이 받기를 원하는 일이다.

당신의 프로젝트가 효과가 있어서 프로젝트가 수익을 창출했거나 적어도 손실을 입지 않았다면 투자자는 당신의 차기 프로젝트에 참여할 것을 희망할 것이다.

자금조달 자문가, 변호사 및 장기적인 관계를 원하는 투자자와 협력하는 것이 좋다.

자금조달의 현재 동향은 무엇입니까?

이것은 상식적인 질문이다. 지금, 당신은 그 해답을 알고 있다. 트렌드는 중요하지 않다. 솔루션이 필요한 문제를 찾았다면 스타트업을 시작할 수 있다.

거품과 같다. 과대평가? 그렇다. 물론 많은 유니콘들이 지나치게 과대평가 되어 있다. 거품이 터지면 그 회사는 사라질 것이다. 그러나 실제 문제를 해결하는 솔루션을 가진 회사는 생존할 것이다.

자금조달에 대해서 더 알아보기

당신은 벤처 캐피털보다 불리한 위치에 있다. 당신에게는 이번이 세 번째 또는 네 번째 스타트업일 수 있겠지만 벤처 캐피털은 100번 이상 (스타트업과) 거래를 했으며 하루 종일 다른 벤처 캐피털과 골프를 치며 창업자들로부터 더 많이 빼앗는 방법에 대한 팁을 공유한다.

신문과 잡지(월스트리트 저널 포함)는 스타트업과 벤처 캐피털을 잘 알지 못하여 적절히 처리하지 못한다. 기자는 사람들에게 자금을 제공하지 않으며 실제로 일어나는 일을 이해하지 못하기 때문이다.

다음은 더 많은 정보를 얻을 수 있는 몇 가지 웹사이트이다 :

- VentureBeat.com : 벤처 산업을 위한 웹 사이트.
- Investopedia.com : 투자에 대해 알아 볼 수 있음.
- TheTrustedInsight.com : LP(유한책임파트너, LP는 벤처 캐피털에 투자하는 하는 그룹들 중 하나다)는 98개국의 6만 LP가 벤처 캐피털에 대한 정보를 공유하는 Trusted Insight를 사용한다. LP용 Yelp이다.

당신 편에 서서 벤처 캐피털과 대등하게 협상할 수 있는 자금조달 고문이 필요하다.

요약 : 이발관의 코알라(A Koala in a Barber Shop)

지난 6개월 동안 대부분의 시간을 투자자와 협의하면서 보낸 후, 당신은 마침내 자금 지원을 받게 된다. 당신은 종이 더미에 사인을 할 것이고, 벤처 캐피털의 비서가 Evvia 레스토랑 테이블을 예약해, 모두가 미래를 위해 건배하고 나면, 벤처 캐피털은 당신에게 수표를 줄 것이고, 밤 11시 45분, 당신은 다시 일자리로 돌아가게 된다.

다음 장으로 넘어가자.

여기 실리콘 밸리의 썰렁한 농담 하나 소개한다.

어느 창업자가 뉴욕에 있는 벤처 캐피털과 만났다. 그들이 "당신의 피치는 무엇인가요?"라고 묻자 그는 "우리는 코알라를 이발소에 데리고 갈 것입니다."라고 대답했다. 뉴욕의 벤처 캐피털은 말도 안 되는 생각이라며 투자를 하지 않을 것이라고 말했다. 그래서 그는 보스톤의 벤처 캐피털을 만났다. "피치는 무엇입니까?" "우리는 코알라를 이발소에 데리고 갈 것입니다." 보스톤의 벤처 캐피털은 말했다. "당장 그만둬요. 여러분, 여기 좀 와 봐요, 지금까지 들어본 것 중 가장 멍청한 말을 들을 수 있어요!" 창업자는 포기하지 않는다. 그는 실리콘 밸리에서 벤처 캐피털과 만나게 된다.

"뭘 피치 하시려고요?"

"우리는 코알라를 이발소에 데리고 갈 것입니다."

실리콘 밸리의 벤처 캐피털은 잠시 생각한 다음 "코알라가 두 마리인 경우가 더 좋지 않겠습니까?"라고 반문한다.

* 어떤 사람들은 이 이야기를 "이해할 수 없다"고 말했다. 이것은 실리콘 밸리 농담이다. 뉴욕 투자자들은 매우 보수적이라 상상력이 없으므로 안 된다고 한 것이다. 보스턴 벤처캐피털은 자신이 똑똑하다고 생각하지만, 사실 그들은 잘 모른다. 그리고 창업자를 모욕한다. 실리콘 밸리의 벤처 캐피털은 현실을 무시하고 실행 불가능한 아이디어에도 상상의 나래를 펼친다. 물론 이발소에 코알라를 데리고 가는 것은 어리석다. 그것은 캥거루여야 한다.

08 재미없는일 : 재무   *Boring Stuff : Finances*

스타트업 씨앗단계에서는 재무적인 일이 별로 없다. 당신은 아직 돈을 벌지 않고, 또 자금조달도 하지 않았으므로 그렇다. 아직 경리나 CPA를 고용하지 않는다.

고용을 하면 상당한 비용이 든다. 모든 영수증 등은 나중에 환급 받을 수 있도록 자료를 보관해야 한다. 이러한 비용은 스타트업에 대한 일종의 대출이다.

우편물, 우편요금, 레스토랑 청구서, 복사기 영수증, 버스 티켓, 기차표, 마일리지 등 모든 증빙서류는 보관해야 한다.

영수증에 짧은 메모를 써서 그것이 무엇인지 알 수 있게 하고 또 당신이 만난 사람을 생각나게 해야 한다. 회의를 진행할 때 "Palo Alto to San Francisco, 2016년 12월 7일, Twitter 피치 이벤트"와 같은 간단한 메모를 작성하면 기억해 내기 쉽다. 구글 지도를 사용하여 거리를 찾고 왕복이니 2를 곱하면 거리를 추산할 수 있다.

큰 봉투나 폴더를 가져 와서 거기에 영수증을 넣어 보관하고 영수증을 휴대전화로 사신 찍어두는 것도 한 방법이다. 당신이 회계사가 필요할 때까지 이것을 저장해야 한다.

자금조달이 이루어지면 회사를 설립하고 스타트업 회계에 경험이 있는 회계사 또는 CPA를 고용할 수 있다. 그들은 스타트업 재무 구조에 관해 조언하고 영수증과 세금을 정리할 것이다.

회계사는 영수증이 비용처리가 가능한지 아닌지 분류해 낼 것이다. 의심스럽다면 회계사로 하여금 버리게 하는 즐거움을 주기 바란다.

좋은 회계사를 찾으려면 스타트업 기업을 설립한 당신의 고문 또는 친구와 상담하는 것이 도움이 될 것이다.

돈의 본질

회사의 임원으로서 당신은 투자자에게 수탁자로서의 의무가 있다. 이 법적 용어는 책임감 있게 돈을 관리해야 함을 의미한다. 그렇지 않으면 투자자가 당신을 고소할 수도 있다.

파티에 돈을 쓰거나 페라리를 사서는 안 된다. 투자자가 자신의 돈을 낭비한다는 사실을 알게 되면 더 많은 투자를 받을 수 없을 것이다. 모든 비용에 대해 영수증을 보관하는 것이 좋다.

은행계좌 개설

회사 설립하면 사업용 은행계좌 개설을 위해 사용하는 고용주 식별 번호(EIN)를 받는다. 당신이 미국 시민인지 아닌지는 중요하지 않다. 이것은 모두 이메일로 할 수 있는 일이다.

기업 은행계좌 사용

회사 창업자와 또 다른 사람 중 한 명만 은행계좌에 서 할 수 있는 권한이 있어야 한다. 이 외의 다른 사람이 은행계좌에 서명하도록 허용해서는 안 된다. 회계장부 기장자 또는 CPA는 보기 전용 권한을 가질 수 있지만 서명할 수는 없다.

나는 신뢰할 수 있는 사람들이 개인적인 용도로 회사 은행계좌에서 인출하여 어려움을 겪는 것을 여러 번 보았다. 그들은 그 돈을 돌려주기 위한 생각이었지만 그렇게 할 수 없었다.

여기에는 회사의 고위 임원이 포함된다. 대형 실리콘 밸리 회사의 CFO는 도박 손실을 충당하기 위해 6,500만 달러를 훔친 경우도 있다.

급여 지급

우선, 창업단계에서는 직원이 최소한의 인원이어야 한다. 조직을 만드는 것은 투자유치 후 나중에 하는 것이 좋다. 그러나 스타트업에서 사장의 급여에 관해서는 장단점이 있어 많은 논란이 있다. 그래서 이 장에서는 간단히 설명한다 :-)

내 말을 믿어라. 급여를 직접 처리하는 것은 일이 많다. 우리는 스타트업에서 이 작업을 수행한 적이 있다. 이런 일에 쓸 시간이 없다. 급여 서비스를 사용하면 된다. 그것은 당신 스스로 하거나 또는 급여처리 할 사람을 고용하는 것보다 쉽고 저렴하다. 소득세는 원천징수 한 후 주정부 및 연방정부 세무 부서에 납부해야 한다.

1월에는 직원에게 W2 세금 양식을 발송하여 지난 해 소득신고를 준비할 수 있게 해야 한다. 납기일이 경과하면 벌과금이 부과된다.

또한 근로자 산재보험에 가입해야 한다.

직원이 미국에서 일할 수 있는 노동허가를 받았는지도 확인해야 한다.

직원을 고용하는 경우 IRS 1099 세금 양식을 사용해야 하는데, 빈 양식을 직원에게 주고 서명을 받아야 한다. 급여를 지급하기 전에 서명된 1099 양식을 받는 것이 좋다. 국세청(IRS)에 세금을 지불해야 한다는 것을 알고 있지만, 급여를 먼저 받으면 양식에 서명하지 않는 사람들도 있다. 그들은 돈을 받고 싶어 하기 때문에 먼저 서명하도록 요청하는 것이 좋다.

Y-Combinator의 온라인 정보에 따르면 무료로 일하는 것은 법에 위배되며 당신도 회사에 고용된 사람이기 때문에 임금을 받아야 한다. 이것은 잘못된 것이다. 창업자로서, 당신은 직원이 아니므로 무료로 일할 수 있다. 당신은 먼저 회사에 고용될 여부를 결정한 다음, 자신에게 급여를 지급할지 결정하면 된다. 캘리포니아 주 법에 따라 직원을 고용하는 경우 최저 임금을 지불해야 한다.

창업자는 물론 급여를 받지 않고 일할 수 있다. 자신을 착취할 권리가 있기 때문이다. 그러나 그것을 좋아하지 않으면, 스스로 노동조합을 만들고 스스로 자신에 대하여 파업에 돌입할 수 있다. 그러나 경영진으로서 자신이 노동자로서 자신과 협상하기를 거부하면 파업은 영원히 지속될 수 있다. 파업을 종결하기 위해 자신과 협상하기 시작하면 모두가 당신을 미쳤다고 생각할 것이다.

창업자들의 스타트업

창업자들에 의한 스타트업 사례 :

- Andrea Lynn Cianflone, 창업자. 좋아서 하는 일은 창의력을 통해 우리 삶에 즐거움을 가져다준다. 우리 플랫폼에서는 라이브 이벤트, 에듀테인먼트 프로그램, 노래 웰빙 프로그램, 아티스트 피칭 센터, 축제 및 여행을 통한 힐링이 가능하다. 뉴욕에 본사를 두고 있으며, 투자자를 찾고 있다. via-enterprises.com/be-delighted 를 참조하라.

- Cléent Gonthier & Arthur Pages, 공동설립자들. 서퍼들이 우리 방수카메라를 가지고 스스로 촬영하도록 돕는다. 서핑을 하는 사람이라면 surfup.strikingly.com 를 보라.

요약

회계, 재정 및 세금은 당신의 이를 닦는 것과 같다 : 그것은 당신이 해야 할 일이지만, '아침 일어나서'가 포인트는 아니다.

당신의 임무는 팀을 만들고 훌륭한 제품을 개발하는 것이다. 그게 침대에서 나오면서 생각할 가치 있는 일이다.

09 스타트업 팔기

Selling Your Startup

이번 장에서 우리는 실리콘 밸리의 특별한 용어에 대해 좀 더 알아볼 필요가 있다.

- 엑싯(The Exit;출구찾기) : 출구찾기는 스타트업 기업의 목표이다. 출구전략은 여러 가지 방법이 있다. 매도, 상장, 회사의 문을 닫는 폐업 등이 있다. 사람들이 "출구 전략은 무엇입니까?" 또는 "출구는 무엇입니까?"라고 묻는다.
- 자산 등급(Asset Classes) : 1억 달러가 있을 때 재무담당 고문은 현금, 주식, 채권 및 대체 자산(예를 들면 토지, 건물, 미술품, 다이아몬드 등)의 네 가지 유형으로 자산을 다변화하는 포트폴리오를 권한다. 한 가지 자산을 다른 자산으로 가치 전환할 수 있는 능력은 유동성이다.
- 유동성(Liquidity) : 1,000달러의 가치가 있는 1캐럿 다이아몬드가 있다고 가정해 보자. 다이아몬드와 현금은 같은 가치를 지니지만 다이아몬드와의 거래에는 시간이 걸림으로 제 값을 받지 못할 수도 있다. 따라서 이런 경우 유동성이 낮다고 한다. 비유동적이다. 현금은 다른 것으로 전환하기 쉽고, 커피 한 잔 등 가치의 비율을 잃지 않으므로 현금이 매우 유동적이다.
- 유동성 이벤트(The Liquidity Event) : 이것은 당신이 당신의 회사를 매도하는 일이다. 유동성 행사는 매도, 합병, IPO 등이 있다. 다이아몬드를 팔면 다이아몬드 값을 현금으로 변화된다. 스타트업도 마찬가지다. 기업 평가액이 1,000만 달러라고 하고, 회사를 팔면 가치는 현금으로 전환된다.
- 취득(Acquisition) : 어떤 회사가 당신의 회사를 인수하는 것, 즉 그들이 당신의 회사를 매입하겠다는 뜻이다.
- IPO(신규 공모, Initial Public Offering) : 투자자가 당신의 회사에 투자한다는 말은 당신이 그들에게 당신이 가진 주식을 판다는 뜻이다. 그건 개인적인 주식의 판매다. 양측은 서로를 알고 있다. IPO에서는 누구나 원하는 만큼 구매할 수 있는 시장에서 주식을 판매할 수 있으며 구매자를 만날 가능성은 거의 없다. 이것은 월스

트리트(Wall Street)와 같은 공개주식시장이다. IPO는 공개 시장에 주식을 제공하는 바로 첫날이다.

유동성과 출구 전략

비즈니스의 목표는 유동성 이벤트로 귀하의 자산을 현금으로 전환하여 다른 물건을 살 수 있도록 하는 것이다.

따라서 스타트업의 비즈니스 목표는 출구를 찾는 것이다. 여기에는 다섯 가지 방법이 있다. 먼저 해당 내용을 살펴본 다음, 그 의미에 대해 이야기하기로 한다.

다섯 가지 스타트업의 길

핵심 아이디어 : 회사를 정리하는 5가지 방법

- 폐업 : 회사를 설립하고 잠시 운영하다가 자금부족으로 문을 닫는 경우다. 청구서를 지불하고 작별 인사를 하고 남은 돈을 투자자에게 돌려주는 것은 정상적인 종료일 수 있다. 아니면, 회사가 쓰러지고 청구서가 지불되지 않으며, 혼란에서 벗어나려 도망가는 일이다. 직원들이 창문을 부수어 컴퓨터와 사무실 의자를 훔칠 수 있다. 지어낸 이야기가 아니다. 창업 후 3년 안에 회사의 80%가 문을 닫는다.
- 좀비 : 회사를 설립했지만 몇 년 뒤부터는 연 3만 달러 이하의 수입밖에 없는 경우다. 성장하기에는 부족하지만 좋은 날이 오고 있다고 믿기 때문에 포기하지 않는다. 마침내 추락할 때까지 10년을 버티는 것을 말한다. 회사는 죽은 거나 마찬가지고 살아 있다 해도 자산만 축내기 때문에 좀비라 일컫는다.
- 풍요로운 삶 스타일: 회사를 설립하고 성공적으로 운영하며 매년 1,000만~2,000만 달러를 벌어서 좋은 삶을 누리는 경우다. 큰 집이 있고, 아내가 두 자녀를 데리고 공원에서 놀고, 4대의 자동차가 집 앞에 주차해 있고, 라스베이거스에 여자 친구가 있고, 바하마에 정박한 보트, 매일 오후 2시에 골프를 치러 나가는 라이프스타일이다. 당신과 당신의 부사장은 평생 동안 이처럼 산다. 회사는 당신의 라이프 스타일에 대해 비용을 지불한다. 회사를 시작할 때, 당신이 이런 것을 할 계획이라고 투자자에게 말해서는 안 된다. 그들은 기업이 크게 성장하고 4~5년 안에 유동성을 행사하기를 원할 것이다. 그들은 라스베이거스에 있는 여자 친구에 들어가는

비용을 지불하고 싶지 않기 때문이다. 라이프스타일 회사는 일반적으로 상속받은 자녀들이 물려받는다. 몇 십 년 후, 손자들은 대를 이어 경영하기도 하지만 통상적으로는 회사를 매도하고 그 돈으로 뭔가 큰 것에 투자를 할 수 있다. 하지만 몇 년 후 그들은 모든 것을 잃어버리는 경우가 많다.

- IPO : 회사를 설립하고 회사 내 IPO팀을 만든다. 이것은 보통 5~7년이 걸릴 것이다. 2002년의 '닷컴 주식사기사건' 이후 미국 의회는 투자자 보호를 위해 사베인-옥슬리법(Sarbanes-Oxley laws)을 통과시켰다. SarBox(또는 SOX)는 광범위한 재무 및 회계 추적을 필요로 하므로 SarBox 규정 준수를 위해 500만~1,000만 달러의 추가자금을 확보해야한다. 투자 은행가는 IPO를 준비하기 위해 회사와 협력할 것이다. 상장하는 날은 아주 특별하여 월가에서 종을 울린다. IPO는 시간이 오래 걸리고 비용이 많이 들기 때문에 더 이상 IPO로 가는 기업은 드물다. IPO가 잘 되지 않으면 회사가 팔리거나 추락하기 쉽다.
- 인수 : 대기업에 매도하기 위하여 스타트업을 하는 경우다. 당신의 회사는 인수 대상이 된다. 회사에는 소규모 공동설립자 팀, 소수의 고문 및 투자자가 있다. 이 회사는 12~18개월(또는 때로는 단 몇 개월)만에 500만~1,000만 달러에 팔린다. 구매자는 스타트업을 인수하고 당신은 떠나게 된다. 그들이 스타트업을 인수하고 당신이 머무는 경우도 있다. 또는 벤처 기업을 사서 그 벤처 기업을 없애버리는 경우도 있다. 당신은 아무것도 할 수 없다. 마지막 예는, 인수고용(acquisition-hire)으로 인수하여 강력한 개발자 팀을 확보하는 것이 목표인 경우다.

5가지 모델 중에서 인수가 가장 성취하기 쉽다. 단 시간에 열심히 일한 다음 회사를 매도하는 것이다.

엑싯(출구 찾기)

창업자와의 인터뷰에서는 일반적으로 출구전략에 대해 많은 언급을 했다. 이 과정을 여러 번 거친 사람들은 출구시기를 창업 후 2~3년 뒤로 잡고 있다고 말했지만 제품을 개발하고 초기 단계의 시작에서 중간 단계의 회사로 발전하면 상황이 바뀔 것이다. 스타트업을 시작하는 이유와 개인 목표도 변경 될 것이기 때문이다.

🎯 프로젝트가 진행되는 동안 회사의 성장에 중점을 두어야 한다. 제품이 매력적일수록, 고객이 많을수록, 수익이 높을수록 출구에서 가치가 올라간다. 당신이 판매할 것은 돈을 벌 수 있는 회사라는 상품이다. 이 외의 다른 모든 것은 케이크의 장식과 같다. 투자자들이 사는 것은 양초가 아니라 케이크이다.

🎯 2년 내에 1,000만 달러의 가치평가를 받도록 장기 목표를 설정해야 한다. 하지만 분명한 단기 목표도 있어야 한다. 6개월마다 한 발 뒤로 물러나서 프로젝트 목표를 검토하고 점검해야 한다.

🎯 몇몇 창업자들은 회사를 설립한 후 팔 목적으로 시작했다고 말했다. 하지만 몇 년 후에 회사를 팔기가 어려워졌다고 한다. 창업한 회사는 자기 자식과 같아서 파는 것이 힘든 일인 것이다.

🎯 9개월 만에 매도하는 것은 매우 빠른 경우다. 어떤 사람들은 3개월 만에 팔았다고 하지만, 일반적으로 12개월에서 18개월, 때로는 3년이 걸린다.

새 라이프스타일 기업은 매력적이다. 여생을 계획하고 살기 때문일 것이다. 100년 전에 회사는 50~70년 동안 지속될 수 있었기 때문에 괜찮았지만, 오늘날의 글로벌 경쟁과 기술의 급속한 발전은 기업이 10년에서 20년 정도만 같은 일을 할 수 있음을 의미한다. 기업은 끊임없이 프로세스를 수정해야 하며, 그렇지 않을 경우 쓸모 없게 되는 경우가 많다.

출구찾기와 투자자

공동설립자 및 투자자와 출구를 의논하여 그들이 원하는 것을 확인해야 한다. 목표에 맞는 일정표를 넣어 계획을 세워야 한다.

투자자들도 마찬가지다. 일부는 돈을 투자하고 투자를 10배 증가시키기 위해 빨리 판매를 원한다. 그러나 다른 사람들은 당신이 4, 6, 10년간 회사를 계속 성장시켜 그들에게 더 많은 돈을 벌게 하기를 바란다. 그들이 투자한 것이 수십억 달러 규모의 회사가 되기를 원한다. 이 투자자들은 당신을 자신들의 직원으로 생각한다. 이것이 4년 베스팅의 이유이며 그동안 당신을 회사에 머물게 위함이기도 하다. 그러나 투자자는 머무를 의무는 없다는 점이 다르다.

당신은 출구찾기를 제대로 하기 위해서는 공동설립자, 투자자와 합의가 있어야 한다. 일부 사람들이 10억 달러 규모의 회사로 성장할 수 있다고 생각하거나 새 라이프스타일 회사를 원한다면 그들은 회사 판매를 거부할 것이다. 만일 당신의 스타트업에 1,000만 달러의 제안이 온다면 당신도 원할 것이다. 그러나 벤처 캐피털이 다쏘팔콘(Dassault Falcon, 온보드 온수 욕조가 딸린 6,000만 달러짜리 비즈니스 비행기)을 원한다면, 그는 그 제안을 거절하고 1억 달러를 요구할 것이다. 실패해도 그는 이미 부자이기 때문에 진심으로 신경 쓰지 않을 것이다.

그럼에도 불구하고 공동설립자와 투자자는 회사의 가치에 대한 아이디어를 제공하기 때문에 다른 회사의 인수에 대한 정보를 얻는 데 관심이 있다. 비슷한 회사가 200만 달러를 투자를 받아 2년 후 다른 회사에 5배수인 1,000만 달러에 팔렸음을 알고 있다면 그들에게 알려주는 것이 좋다.

시작 단계 어디쯤에선가 당신은 당신이 원하는 것을 생각해야 한다. 많은 사람들이 처음 창업을 했을 때 돈을 원했지만 몇 년이 지난 이후에는(여러 번 스타트업을 했고) 꾸준한 소득으로 자기 자신의 회사를 경영하기를 원한다는 것을 깨닫는다고 내게 말했다. 나머지 사람들은 다음 프로젝트를 시작할 수 있어서 기쁘게 스타트업을 매도한다.

🍭 출구는 또한 시장 상황에 달려 있다. 대부분의 시장은 수년간 안정되어 있지만 일부 시장은 짧은 기간 동안만 존재한다. 앱과 게임의 성공 여부는 때때로 수개월 내에 결정된다. 한 번의 빅 히트로 성공을 거둘 수는 있지만 연이어 큰 성공을 기대할 수는 없다. 따라서 '박수칠 때 떠날' 준비가 되어 있어야 한다.

인수에 대비하고 있다면

누군가에게 인수될 것을 준비하고 있다면 영업 및 마케팅, 회계 및 HR과 같은 분야의 필요하지 않은 직원을 고용하지 말아야 한다. 판매나 지불 시스템과 같이 필요치 않은 것들을 만들 일도 아니다.

구매자는 이런 팀과 판매 및 지불을 처리할 수 있는 기능을 갖추고 있으므로 필요하지 않는 사람들과 부서를 버릴 것이다.
사무실 공간, 사무실 장비, 또는 회사 차량에 대해 장기 계약하지 말아야 한다.
왜 그들은 당신의 회사를 사려고 하는가.
대기업이 중소기업을 매입하는 이유는 여러 가지다.

- 혁신 : 기업들은 새로운 제품을 추가하려고 한다. 시스코는 130개가 넘는 회사의 인수를 통하여 새로운 제품을 추가했다. 인수를 통해 제품의 혁신을 꾀한 것으로 본다.
- 성장 전망 : 대기업은 투자자에게 성장성을 보여주고자 한다. 이로 인해 미래 성장에 대한 기대가 높아져 주가가 상승할 것이다. 이런 경우가 바로 페이스북이 WhatsApp을 구입한 이유이다.
- 새로운 시장에 진입 : 기업은 해당 시장에서 기존 회사를 사면 새로운 시장에 진입할 수 있다. 구글은 모토롤라를 사면서 휴대폰 시장에 뛰어 들었다.
- 경쟁 : 회사는 다른 회사와의 경쟁 전략의 일환으로 벤처 기업을 인수한다. 구글은 Microsoft Office를 괴롭히기 위해 Google Docs를 구입했다.
- 인수를 통한 고용(Acquihire) : 전문가를 고용하기 위하여 스타트업을 인수한다. 페이스북은 AI 전문회사들을 무더기로 산다.
- 경쟁사 멀리하기(Keep-away) : 놀이터에 있는 아이들과 마찬가지로, 회사는 뭔가 가치 있는 회사를 사서 다른 회사에서는 그것을 갖지 못하도록 하려 한다. 오라클은 SUN을 샀다.
- 잠재적인 위협 차단 : 회사는 잠재적인 경쟁자를 매입하여 제거한다. 오라클은 PeopleSoft를 인수하고 이 회사의 문을 닫았다.
- 어리석은 거래 : AOL은 165억 달러짜리 Time-Warner를 구입했으나 별로 의미가 없는 거래의 사례다. 이는 큰 손실이었다.

M&A와 투자은행

당신의 회사를 매입하려고 하는 3~4개의 회사를 알 수도 있지만 시장에 대한 총괄적인 정보가 없으므로 기회를 놓치게 될 수 있다. 합병과 인수(M&A) 전문 인력과 투자

은행(IB) 사람들을 초빙해야 한다. 그들은 회사를 사고파는 일을 하는 전문적인 지식을 가진 사람들이다.

그들은 시장조사를 하고 100명의 잠재 구매자를 찾을 팀이 있다. 구매자는 A, B, C그룹으로 분류된다. A그룹은 이상적인 구매자이고, B그룹은 수용할만한 그룹이며, C그룹은 당신의 회사를 구매할 이유 없이 구매하려는 사람들이다.

회사를 인수하는 것을 종종 볼 수 있지만 아무도 그 거래를 설명할 수는 없는 경우가 있다. 이런 경우가 C그룹 경우다.

신뢰할 수 있는 M&A 전문 인력이나 IB를 찾아야 한다. 이것은 커미션을 받지 않는 절친한 친구를 통한 추천으로 이루어지는 경우가 좋다. 그녀(M&A 전문 인력이나 IB 직원)는 5년 이상의 경험이 있고 5건 이상의 거래를 수행했어야 한다. 최소한 3명 이상과 이야기하고 가장 잘 맞는 사람을 선정하여 그 사람들도 실사를 해야 한다.

M&A/IB 담당자를 자문팀에 추가할 수 있다. 그녀는 회사매도를 위해 준비하고 가격을 책정하는 방법을 알려줄 것이다. 거래를 하려면 9개월 이상이 걸릴 수 있다.

M&A 또는 IB 담당자가 귀하의 제품과 시장을 이해하는지 확인해야 한다. 그가 자료를 읽고 이해했는지 알아보기 위해 질문해 보는 게 좋다.

그녀는 당신의 아이디어를 빛나게 할 것이다. 그는 잠재적인 구매자와 경매 열기를 돋우기 위하여 이야기할 것이다. 그녀는 만날 때마다 "우리는 다른 구매자와 이야기하고 있습니다."라고 말할 것이다. "서두르는 것이 좋을 것입니다. 당신은 내 특별한 친구이기 때문에, 당신이 이것을 얻을 수 있게 하고자 합니다!"

M&A/IB의 수수료는 2~5%와 더불어 월 5,000달러에서 1만 달러를 지불해야 한다. 아니면 그녀는 Lehman Formula를 사용할 수 있다. 첫 100만 달러에 5%, 두 번째 100만 달러에 4%, 세 번째 100만 달러에 3%, 네 번째 100만 달러에 2%, 다섯 번째 100만 달러에 1%이다. 또는 전체 매출의 5~10%로 하기도 한다. 이 모든 것은 협상을 통하여 조정 가능하다.

당신은 모든 거래를 그녀에게 넘겨주어서는 안 된다. 스타트업에 관한 모든 것 외에도 판매에 깊이 관여해야 한다. 벤처 캐피털과 마찬가지로 M&A/IB는 많은 거래를 하지만 당신에게 상당한 금액의 돈을 벌 수 있는 기회가 될 수 있을 것이다.

🎯 여러 창업자들은 국가에 따라 다르다고 말했다. 실리콘 밸리는 수십 년 동안 많은 네트워크와 경험을 가진 많은 M&A/IB가 있다. 그러나 다른 나라에서는 이러한 경험 많은 사람들이 없다. 그들 다른 나라의 M&A/IB는 무엇을 해야 할지 거의 알지 못한다. 스타트업은 투자자 및 고문과 협력하여 판매를 준비한다. 미국 정부의 규정과 월가의 규칙 때문에 실리콘 밸리에서는 재무 데이터에 대한 투명성이 있다. 그러나 많은 다른 시장에서는 황량한 서부(서부개척시대)와 같다. 6개월 후에 모든 것이 바뀌기 때문에 누구나 아무 말이나 말할 수 있다. 빠르게 배우고 빠르게 움직이는 창업자는 혼란 속에서 성장할 수 있다.

🎯 몇 년 전, 두 명의 스탠포드 학생들이 툴 하나를 만들어 냈다. 그들은 코드를 작성할 수는 있었지만 시장을 알지 못해서 나는 전략 고문으로 이 프로젝트에 합류했다. 나는 먼저 문서를 작성하고 웹 사이트를 만들었다. 우리는 스탠포드의 서버에서 모든 것을 만들었다. 두 엔지니어는 M&A 경험이 있는 한 여성을 데려왔다. 우리는 6개월이 걸릴 것으로 예상했고 스펙 리스트(툴이 어떤 기능을 하는지)를 작성하여 그녀에게 주었다. 그녀는 주변으로 업체를 찾아 다니기 시작했다. 그녀는 5개월 만에 6개의 큰 기업이 그들의 제안서를 가지고 7월 16일 오후 4시에 그녀와 그들 변호사가 팔로 알토 힐튼(Palo Alto Hilton)의 88번 방에 기다릴 것이라고 말했다. 2시간 후 그녀는 우승자에게 축하를 했다. 다음날 아침 툴을 개발했다고 발표했다. 제품에는 여러 가지 소프트웨어에 따라 제품 이름이 붙여졌다. 제목만 변경하면 제품 이름이 변경되었다. 그것은 매우 성공적이었고 많은 사람들이 그것을 사용했다. 전체 팀은 6명이었고 모든 것이 집에서 이루어졌다. 우리는 단지 몇 번 만 직접 만났다.

가치평가 모델들 : 당신의 스타트업 가격

핵심 아이디어 ; 당신의 스타트업의 가치를 산출하는 가치평가모델을 사용하라. 이 모델은 다음과 같은 것을 포함한다.

- 구축비용과 배수(Cost-to-build plus a multiple)
- 수입과 배수(Earnings plus a multiple)
- 수익과 배수(Revenue plus a multiple)

- 비교 거래(Comparable deals)
- 가중 평균(Weighted average)

재미있지 않은가? 블랙 버드를 보는 13가지 방법이 있는 것처럼 평가를 계산하는 방법은 다양하다. 이걸 살펴보자 :

구축비용과 배수

구매자가 동일한 것을 구축하는 데 예상되는 비용이 얼마나 들까?
팀, 공간, 도구, 투자, 피자 등의 비용을 합산하여 여기에 3년을 곱하면 된다.
회사 설립에 500만 달러가 소요된다고 가정해 보자.
500만 달러 × 3년 = 1500만 달러
이 작업을 수행하는 데 당신의 팀이라면 1년이 걸리겠지만 개의 년으로는 7년이 걸린다. 개의 1년은 인간에게 7년 정도가 된다고 추정한다. 여러분은 개처럼 열심히 일했다. 보통 사람들은 3년이 필요할 일이다.

수입과 배수

당신의 업계 수익을 업계의 가치평가와 비교한다.
당신의 업계에서 모든 회사의 수입을 찾아라. 예를 들어, 5개 회사는 총 매출 1억 달러(A = 1,000만 달러, B = 2,000만 달러, C = 3,000만 달러, D = 2,000만 달러, E = 2,000만 달러)를 보유하고 있다고 하자. 당신의 업계에 대한 가치가 5억 달러임을 알 수 있다. 평가액은 매출의 5배이므로 각 회사의 가치평가액은 매출의 5배다.
회사의 수입이 1,000만 달러라면, 그러면…
1,000만의 매출 × 5배 비율 = 5,000만 달러 평가

평균 평가

전체 산업에 대한 평가를 찾아 평균 평가를 얻기 위해 업계의 회사 수로 나눈다.
예를 들어, 업계의 가치는 2억 달러이며 업계에 10개의 회사가 있으면 각 회사의 평균 가치는 2,000만 달러다.

총 산업 평가 2억 달러 / 10개 회사 = 2,000만 달러(평균 평가)

비교 거래

당신은 다른 회사를 사는데 대한 최근의 유사한 거래를 찾아야 한다.
지난 12개월 동안 4개의 회사가 1,000만 달러, 1,200만 달러, 1,500만 달러, 800만 달러, 총 4,500만 달러에 팔렸다.
평균 거래액은 4,500만 달러를 4개사로 나눠 1,125만 달러가 된다.
(1,000만+1,200만+1,500만+800만 달러) / 4개 회사 = 1,125만 달러(평균 거래)

모든 모델의 평균

그리고 위의 모든 거래의 평균이 있다. 약간 바보 같지만 그것도 공식이다.
각 수식을 계산하고 네 개의 숫자를 산출한 다음 평균을 찾는다.
(1,500만+5,000만+2,000만+1,125만 달러) / 4 = 2,400만 달러(평균)

사용자당 가치평가

많은 소셜 미디어 회사는 회사의 가치 평가를 기반으로 각 사용자의 가치를 사용한다. 유사한 회사에 1억 명의 사용자가 있고 10억 달러 가치가 있다면 각 사용자의 가치는 10달러가 될 것이다.
10억 달러 평가 / 1억 사용자 = 사용자 당 평균 10달러
사용자 당 수익(예: 연간 20 달러)을 살펴본 다음 예상 수명 기간 몇 년을 곱할 수도 있다.
1억 사용자 × 사용자당 20달러 × 3년 = 60억 달러(평가)

수익 흐름의 미래 가치

또한 협상을 위해 스타트업의 미래 수익 흐름을 사용할 수 있다. 올해 매출을 기준으로 스타트업을 판매하는 대신, 스타트업이 2년 내에 더 많은 수익을 올릴 것이라는 것을 알려주는 성장 기록을 보여줄 수 있다. 따라서 미래수익을 사용하여 가치를 계산할 수 있다.

어떤 평가모델인가?

아직 더 많은 평가 모델이 있다. 일부 창업자는 정교한 스프레드시트를 만들어 평가를 계산한다. 공동설립자, 고문, 투자자, 기타 설립자, M&A/IB에게 상의하도록 하는 것이 좋다. 그들은 더 좋은 가치 평가 모델을 소개할 것이다.

그럼 어떤 것을 사용하나? 모든 모델 각 수식을 살펴보고 값을 계산해야 한다. 협상을 시작하면 포커 판(데크)에 더 많은 카드가 있을 것이다.

🎯 만약 당신이 2,000만 달러를 받아야 한다고 추정한다면 4,000만 달러나 1억 달러를 요구하는 것이 좋다. 이는 포커 게임이고 규칙이 없다. 가격은 구매자가 지불할 금액이다.

바이어 vs. 셀러

각 당사자가 원하는 것이 무엇이냐에 대한 질문이다. 만약 평가모델이 측정한 가치가 1,000만 달러인데 당신이 3,000만 달러를 원한다면 그렇게 추진해 볼 수 있다. 아니면, 구매자는 700만 달러를 지급할 수 있지만 그 이상은 아닐 것이다.

최종적인 금액은 감성과 설득에 따라 내려올 것이다. 노련한 매도자는 매입자가 좀 더 지불하도록 설득할 것이다. 만약 당신이 무척 어려운 상황이라면 그 매도가격은 더 내려올 것이다.

🎯 만약 당신이 2,000만 달러를 받아야 한다면 4,000만 달러를 불러라. 아니면 1억 달러도 좋은 제안이 될 수 있다. 이것은 포커 게임 같아서 규칙이 없다. 가격은 매입자가 얼마에 사고자 하는 것과 매도자가 얼마를 받고자 하는 선에서 결정된다.

유니콘 평가는 어떠한가?

손에 꼽히는 기업들은 수십억 달러의 가치를 가지고 있다. Uber의 평가액은 650억 달러이다. 이는 연간 미국 택시 시장의 가치보다 6배 더 크다. Snapchat은 한 달에 1,000만 달러를 잃지만 250억 달러 상당의 가치가 있다. 어떻게 이런 일이 일어날 수 있을까? 이것이 자본주의의 마법이다! :-D

20년 전에 사모펀드 회사는 IPO를 기다렸다가 주식을 샀다. 현재 이들은 IPO 이전 유니콘에 투자하고 벤처 캐피털과 주식을 놓고 경쟁하고 있다. 이 투자자들은 투자가 허용되면 더 높은 가치를 제시할 것이다.

이것은 또한 공급과 수요의 문제이다. 수천억 달러를 관리하는 대형 투자자는 수십억 달러의 출구가 필요하지만 유니콘은 몇 개밖에 없으므로 이들 회사에 막대한 투자를 할 것이다.

🎯 일부 유니콘은 시장의 정의를 바꿀 만큼 커졌다. 예를 들어, Uber는 온 디멘드 택시로 출발했지만 이전에는 존재하지 않았던 '차 함께 타기 공유'와 같은 새로운 종류의 고객을 만들어 시장 개념을 확장했다. 또한 자동화물 트럭 및 자동 판매 밴과 같은 새로운 시장을 발명하고 있다. 두바이, 나이로비, NYC에서 Uber를 클릭하면 자동차 또는 헬리콥터를 선택할 수 있다. 잠재력을 고려한다면 Uber는 과소평가 되었는지도 모른다.

이것을 보는 또 다른 방법이 있다. 일부 스타트업 기업의 비즈니스 모델은 250억 달러 규모의 IPO에 대한 다루기 힘든 약속을 바탕으로 지속적으로 자금을 모으는 것이다. 어떤 시점에서, 그것은 붕괴될 것이다. 그러나 그때까지 7년 동안 커다란 보너스와 멋진 파티가 있다.

잠깐, 관중석에서 손을 들어 질문하는 사람이 있네요. 예, 저쪽 뒤에. 좋아요, 그의 질문은 "수익이 발생하지 않는 기업이 어떻게 수십억 달러의 가치가 있을 수 있습니까?" 이네요. 훌륭한 질문입니다. 이 책을 무료로 드립니다.

이 회사 중 일부는 모두가 거기에 도착했을 때 너무 큰 부자가 되어, 부자가 되는 것에 지칠, 토끼가 노래하고, 사슴이 춤을 추며, 태양이 밤새 빛을 발하고 있는 먼 지평선을 바라보기로 한 투자자들과의 커다란 약속이 떠올랐다. 당신의 작은 1,000만 달러 투자를 통해, 당신도 그 모험의 일부가 될 수 있다!

벤처 캐피털, 이사회 및 다른 사람들은 약속이 이루어질 수도 있고 안 될 수도 있지만, 오늘도 그들은 회사에서 돈을 꺼내 사용하고 있다.

이것은 Theranos에서 실제 일어난 일이다. 벤처 캐피털들과 수퍼스타들의 이사회는 결코 성공하지 못했던 제품에 대해 60억 달러 가치 평가까지 끌어 올렸다. 오늘날 이 회사는 가치평가가 0이다. 다른 좋은 면에서 할리우드는 제니퍼 로렌스(영화 〈Company Town〉의 주연)와 영화를 만들고 있다.
어쨌든 유니콘은 매우 드물기 때문에 이 회사들은 "유니콘"이라고 불린다. 3만 개 이상의 스타트업이 있지만 수백 개 기업만이 10억 달러 이상의 가치가 있다.

바보 같은 평가
또한 평가를 설정하는 어리석은 방법이 있다. 스타트업이 벤처캐피털에게 700만 달러를 요구했다. 벤처 캐피털은 "왜 700만 달러인가?"하고 물었다.
창업자는 우리는 7명이 있고 각각 100만 달러 가치가 있을 것이라고 말했다.
그래서 벤처 캐피털은 "길가는 사람 두 명을 더 데리고 와서 900만 달러를 달라고 해보지 그래?"라고 대답했다.

평가와 유동성 할인
이번 장의 시작 부분에서 우리가 다이아몬드 판매에 관해 이야기했던 것을 기억하는가? 당신은 다이아몬드 값에서 현금 가치로 변환할 때 1,000달러짜리 다이아몬드가 언젠가는 아마 500달러가 될 것을 알게 될 것이다. 이것은 유동성 할인이다.
회사에서 현금을 원한다면 구매자는 유동성 할인을 요구할 것이다.
유동성 할인은 금액의 25~30%일 수 있으므로 1,000만 달러 거래의 경우 할인금액을 제한 약 700만 달러의 현금을 받게 될 것이다.
이것은 협상의 항목 중 하나이므로 '포커페이스'를 갖도록 연습을 해야 한다.

🎯 창립자는 금융에 대한 각본은 없다고 말했다. 어쨌거나. 협상에서는 심히 비합리적이며 정서적이며 과장, 위협, 거짓말, 가짜 약속으로 가득 차 있다. 이것은 엔지니어와 컴퓨터 과학자를 다루는 것에 익숙한 창업자에게는 어려울 수 있는 일이다.

정확한 자료를 얻는 법
마지막 몇 섹션에서 저는 회사의 수입과 가치를 조사해야 한다고 썼다. 그러나 그것은 어렵다. 아니, 불가능한 일이다. 기업은 정부와 주식시장에서 의무가 있는 경우에만 해당 수치를 보고한다. 그렇지 않으면 실수를 말하지 않는다.

회사는 1억 달러의 수익을 올릴 수 있다고 말하지만 재무제표를 제출해야 하는 상장기업에 매각한 후 세무보고서는 매출액이 500만 달러에 불과하다는 것을 보여준다. 개인회사의 수익은 개인의 정보이므로 실제 내용을 대중에게 알릴 필요가 없다.

즉, 개인회사가 공개하는 숫자는 마케팅의 일부이다. 그들은 과장해 큰 숫자를 말한다. 그렇다. 기업들은 그들의 숫자에 대해 거짓말을 한다.

이런 정확한 숫자를 찾으려고 하면 M&A, IB, 투자자와 상담하는 것이 좋다. 때때로 그들은 실제 수치를 알고 있거나 꽤 좋은 추정을 할 수 있다.

당신 회사의 자료

그렇다면 Facebook에서 당신은 당신 회사의 매도에 대해 무엇이라고 말할 것인가? 당신의 회사를 2,000만 달러에 팔았다고 사람들에게 말한다고?

그렇게 하면, 당신이 알고 있는 모든 사람들이 나타나 돈을 요구할 것이다. 난봉꾼과 사기꾼도 나타날 것이다.

🎯 금액에 대해 이야기하지 않는 것이 가장 좋다. 정보를 공유함으로써 아무 것도 얻을 것이 없다. 당신은 비공개 계약을 했다고 하고 이야기할 수 없다고 말할 수 있다.

무엇을 얻는가

출구에서 무엇을 얻을 수 있을까?

- 현금 : 현금으로 1,000만 달러를 얻는다.
- 주식 : 다른 회사 주식을 1,000만 달러어치 살 수 있다.
- 직업 : 대기업에서 직업을 얻는다. 넌 이제 책상 원숭이야. 다음에 어떤 일이 일어날 줄 알아? 그들이 당신을 해고하거나 당신이 그만두겠지.
- 위의 모든 것 : 현금, 주식 및 직업을 얻는다.
- 위의 어느 것도 아닌 경우 : 대기업이 1,000만 달러를 지불하면 투자자가(우선주를 가지고 있기 때문에) 모든 것을 가져가고 T 셔츠 하나 기념품으로 받게 될 것이다.

이렇게 말하긴 싫지만, 마지막 경우는 흔한 일이다. 많은 기업들이 성공적인 출구를 찾지만 투자자들이 모든 것을 가져가고 창업자는 수 년 간의 노력이 헛수고가 된 후 벤처 캐피털에 대한 깊은 증오심을 가지게 된다. 벤처 캐피털은 이런 경우가 IPO의 30~40% 정도를 차지할 것이라고 말했다.

현금, 수익창출, 유통, 재고

그래서 당신은 무엇을 얻을까? 당신이 의심하기 시작했으므로 아무 것도 쉽지 않으며, 이것은 또 다른 복잡한 문제다.

- 현금 : 수표를 받을 것이다. 만약 이것이 당신의 스타트업에 관한 영화라면 종이봉투에 든 100달러 지폐를 받을 것이다.
- 주식 : 주식을 얻는다.
- 수익창출 : 당신은 또한 수익창출거래를 할 수 있다. 즉, 1년 동안 머물러야 한다는 의미이며, 매출액이 $X에서 $Y로 증가하면 $Z가 발생한다. 좋은 소식이다. 큰 회사의 로고와 판매팀을 통해 더 많은 매출을 올릴 수 있다.
- 유통 계약 : 향후 매출의 X%를 얻는다.

수익창출 및 유통은 당신에게 적합한 일은 아니다. 큰 기업이 인수하면 영업 및 마케팅 팀이 제품을 관리한다. 영업사원은 알려진 제품을 구매하는 최고 고객과 관계를 구축하는 데 수 년을 보낸 사람들이다. 당신의 신제품이 기존 판매제품을 위협할 것이다. 그래서 그들은 당신의 제품을 적극 마케팅 하지 않을 것이다. 매입자의 고위 임원진 또한 그들이 자신의 회사를 소유하고 있다는 사실을 깨닫고 더 많은 돈을 당신에게 줄 이유가 없기 때문이다. 당신의 제품은 누구에게도 우선적으로 취급되지 않을 것이다. 그냥 현금을 가지고 걸어보라. 그러면 다음에 할 일을 결정할 수 있다. 그것이 유동성 할인이 있는 이유이다. 매입자는 당신이 현금을 원한다는 것을 알고 있고 당신이 현금 얻기 위해 기꺼이 뭔가를 포기할 것도 안다.

대기업은 어떨까? IPO로 가나?

회사를 설립할 때 당신과 공동설립자가 주식을 소유하고 있다는 점에서 당신의 회사는 개인회사다. 당신의 주식을 일반대중에게 판매할 수도 있다. 회사가 공개적으로 주식거래 하게 되면 누구나 중개인을 통하여 주식을 사거나 팔 수 있다.

IPO는 월 스트리트(Wall Street)와 같은 공개주식시장에서 주식을 처음 팔 때를 말하는 '첫 공개 판매'를 의미한다.

IPO에 대해서는 많은 화젯거리가 있다. 21세의 젊은 나이에 창업하여 상장을 했는데, 하루에 50억 달러를 벌었다고 영화, TV, 책에서 칭송이 자자했다.

이런 일이 일어날 수 있다. 그러나 그 이야기 뒤에는 또 다른 이야기가 있다. IPO를 취급하는 투자은행은 신문, 잡지, TV에 뉴스 기사를 게재하여 투자자들을 열광하게 한다. 투자은행은 가격을 1주당 30달러로 책정하고 대형 은행의 거물급 친구에게 20달러에 거액의 주식을 판매하고 상장을 하면 뉴스를 타고 개미 투자자들은 주식으로 몰려들며 가격은 75달러로 올라간다. 그 때에 큰 은행들은 같은 날 20달러 주식을 매각하여 큰 행운을 얻게 된다. 몇 주 후 주식은 40달러로 떨어지고 막대한 액수의 돈은 소액 투자자에서 대형 투자자로 이전되었다.

상황을 더 나쁘게 하는 것이 있다. 투자은행은 주식이 40달러가 될 것이라는 것을 미리 알았으므로 30달러에 가격을 책정했다. 그들의 내부 친구들은 돈을 벌지만 당신 회사는 40달러를 유지해야 했기 때문에 회사의 돈은 주가 유지를 위해 모두 날아가 버렸다. 대부분의 주식은 20달러에 팔렸기에 당신은 수억 달러를 잃어버리는 경우다. 이는 내부자의 게임이다.

상장 회사의 CEO로서 당신은 언론과 주주들을 행복하게 해야 한다. 분기 수익이 줄면, 우둔한 금융 언론인이 당신을 공격하고 주가는 떨어진다. 그래서 경영이란 끊임없이 디딜방아를 밟듯이 추진해야 한다.

당신이 여전히 CEO가 될 것이라고 가정해 보자. 벤처 캐피털들이 상장을 신청할 때는 다른 금융 인력을 상대하고 있으며, 그들 모두가 MBA와 M&A 경험을 가진 CEO와 함께 일하기를 선호한다. 일반적으로 당신은 CEO가 될 것이다. 그것은 새로운 회사를 만드는 기술이다. 수년간 오랫동안 해 오던 투자은행과 월 스트리트를 다루는 것과는 다른 기술이다.

주식 공개시장에 대한 참고사항이 있다. 상장 주식을 매각하기 위한 월 스트리트(Wall Street)와 같은 공개 시장이 있는 것과 마찬가지로 비공개 주식을 매각할 수 있는 Shares

Post 및 NASDAQ Private Market과 같은 비공개 거래 시장이 있다. 그러나 공동설립자가 IPO 전에 소유 주식을 판매하기 시작하면 이는 기업 평가에 영향을 미칠 수 있다. 이에 대해 재정 고문과 상의하는 것이 좋을 것이다.

최상의 모델은 무엇인가?

당신은 작은 팀을 구성하고 당신이 하는 일을 이해하고 지원하며 출구 전략을 포함한 전반적인 계획에 동의하는 투자자를 몇 명 초빙하게 된다. 당신은 1~2년 동안 열심히 일하고 그 회사를 매도한다.

스타트업을 두 번째로 시작하면 당신은 최고의 팀을 만들어 투자자, 비즈니스 네트워크, 원자재 공급업체 등이 함께 할 것이다. 실수를 피할 수 있기 때문에 모든 것이 더 빨리 진행된다. 당신은 고객과 긴밀한 관계를 맺을 것이고, 그들은 정말로 필요한 것을 당신에게 말할 것이다.

창업자의 스타트업

창업자들에 의한 스타트업 사례 :

- Kenneth Low, 공동설립자. 우리의 멀티 벤더 SaaS 플랫폼은 누구나 몇 분 내에 자신의 마켓 플레이스를 구축할 수 있게 한다. 개발자가 필요하지 않다. 창업자는 전 PayPal 고위 임원이었다. 싱가포르에 본사가 있으며 시드니, 마닐라 및 샌프란시스코에 지사를 두고 있다. 자금 및 고객을 찾고 있다. Arcadier.com을 방문해 보라.
- Mehdi Coly & Stéhane Pérot, 창업자들. 우리는 웹 사이트의 문제를 신속하게 해결할 수 있는 첫 번째 SEO 소프트웨어를 개발했으며 모든 웹 마케터의 시간을 절약해 준다. 프랑스 리옹에 본사가 있으며, SF와 NYC에 진출한다. Optimiz.me로 오라.
- Oscar Gómez, 설립자. JuanRegala.com은 콜롬비아에서 선물 분야 중 가장 큰 전자상거래 업체이다. 꽃, 초콜릿, 음료수와 깜짝 놀랄 아침을 당일 배달합니다. 시간이 부족한 젊은 전문직 사람들이 사랑하는 사람들과 가까이 있도록 해 준다. 관심이 있으면 juanregala.com/bogota를 방문하라.

요약 : 천국에 간 벤처 캐피털

벤처 캐피털이 죽어서 천국에 갔다. 그러나 그가 천국의 문에 도착했을 때 성 베드로는 벤처 캐피털에게 천국이 만원이라고 말했다. 추가로 들어올 수 있는 벤처 캐피털을 위한 공간이 없다는 것이다.

그는 잠시 생각한 다음 게이트로 올라가서 "지옥이 곧 상장될 것이다!"라고 외쳤다. 그랬더니 바로 게이트가 열리고 수백 명의 벤처 캐피털이 그곳에서 고개를 들고 내려왔다. 성 베드로는 "지금, 문이 열렸으니 들어가도 돼."라고 말했다.

그러나 그 벤처 캐피털은 "나도 저 사람들을 따라갈 것이다. 기회를 놓칠 수 없다."고 말했다.

10 스타트업 이후의 삶 *Life after Your Startup*

스타트업이 끝난 후 당신은 무엇을 합니까?
만일 그것이 성공적이라면 당신은 곤경에서 벗어나겠지. 여행을 하고, 대학에서 다른 사람들을 격려하는 강의를 하고, 책을 쓰고, 해변에 앉아서 영적인 인식을 얻을 때까지 긴 시간 명상을 하며 앉아 있을지도 모른다.
스타트업이 실패한 경우는 다시 일어나서 먼지를 털어내고 일로 돌아가겠지. 아니면 이런 과정을 몇 번 거친 후 다른 사람들이 스타트업을 만드는 것을 도와줄지도 모른다. 나는 9개 스타트업에 대한 고문으로 있다.
당신은 또 후진들을 가르쳐야 한다. 가르치는 것은 많은 즐거움이 있으며 학생들보다 더 많은 것을 배울 수 있다. 나는 지금 샌프란시스코에 있는 프랑스 비즈니스 스쿨에서 가르치고 있다.
엔젤 투자자가 되는 것도 좋다. 몇 번의 창업 경험으로 스타트업에 투자할 자금이 있을 것이다.

◉ 한 창업자는, 물론 다음 스타트업을 시작할 수 있겠지만, 현재로서는 그가 현재 하는 일에 너무 얽매여 있기 때문에 그것을 상상할 수 없다고 내게 말했다.

◉ 다른 창업자는 자신의 창업이 10억 달러 규모의 기업으로 성장할 수 있으며 앞으로 7년에서 10년 내에 그렇게 될 수 있을 것이라고 예상했다.

◉ 몇몇 창업자들은 그들의 시장이 항상 주변에 있고 세계가 하나의 시장이기 때문에 회사가 오랜 시간 동안 지속될 것으로 기대한다고 말했다. 회사가 제대로 설립된 후에는 더 많은 회사를 세울 것이라고도 덧붙였다.

◎ 또 다른 창업자들은 스타트업을 새로 시작하는 사이 긴 휴식을 취했다고 했다. 일부의 사람들은 6개월 동안 전 세계를 여행했다고 했다.

◎ 일부 창업자들은 목표가 중요하지 않다고 말했다. 스타트업의 행복한(startuppy) 인생은 너무 재미있다는 것이다.

◎ 많은 창업자들은 다른 사람들을 돕기 위해 기부할 계획을 가지고 있었다. 매우 인기 있는 분야는 교육과 건강이다. 한 사람이 자신의 스타트업을 4억 달러에 팔고 싶다고 말했다. 나는 "왜 4억 달러인가?"하고 물었다. 그는 가족이 재정적으로 독립하여 영원히 살 수 있도록 약 1,000만 달러에서 2,000만 달러가 필요하다고 했다. 나머지 돈은 캐나다 북부에 있는 100×100 마일의 숲을 사서 동물들이 영원히 살 수 있는 개인 국립공원을 개설할 계획을 갖고 있었다.

실패라는 말은 좋은 단어다

세상의 모든 곳에서 실패는 나쁜 단어다. 회사를 날려버리고 나면 아무도 당신과 이야기하지 않을 것이다.
그러나 실리콘 밸리에서 실패는 괜찮은 말이다.
왜냐고? 이곳에선 스타트업의 95%가 실패한다는 것을 알고 있기 때문이다. 우리 모두는 실패한 회사에서 일했으며 3개의 유니콘을 만든 피터 테일(Peter Theil)도 200개의 실패를 기록했었다.
당신이 주의를 기울이고 당신의 실패로부터 배웠다면, 당신은 다음 번에 더 잘할 수 있을 것이다. 사업은 경험과 관계가 많이 있으므로 다음 스타트업을 설립하고 공동설립자, 고문, 투자자를 확보하는 것이 더 쉬울 것이기 때문이다.

갈무리 하면서

당신이 창업을 구상하고 있다면 명확한 길은 없다. 산의 정상으로 가는 길에는 많은 호랑이와 낭떠러지가 있으며 언제나 캄캄한 밤이다. 마을 사람들의 이야기를 들어서는 소용이 없다. 팀을 구성하고 좋은 셰르파 한두 명을 모셔와 앞으로 내세워야 한다. 정상으로 가는 데는 여러 갈래의 길이 있다.

앞으로 나아가기 어려우면 휴식을 취하고 다시 시도해야 한다.

당신의 두 번째와 세 번째 스트타업은 더 쉬울 것이다. 일하면서 효과가 있는 것을 배웠고 효과가 없는 것을 피할 수 있게 되었다. 또한 같은 일을 같이 하며 경험을 한 많은 친구가 있고 그들은 당신을 도울 수 있다. 창업자들이 서로 나누고 돕는 것은 인지상정이다.

당신이 보았듯이, 내가 인터뷰 한 창업자들은 믿을 수 없을 정도로 개방적이고 도움이 되었다. 스타트업을 할 때 다른 창업자와 이야기하는 게 도움이 된다. 창업을 위한 훌륭한 커뮤니티가 될 것이다.

나의 경험과 서로 정보를 나눌 수 있도록 이 책을 썼다. 그리하여 단 몇 가지라도 실수를 줄이고 더 성공적으로 할 수 있을 것이라 믿는다. 나의 제안들이 실제상황에서 잘 맞지 않는다면, 내게 알려주면 고마운 일이다.

나는 이미 다음 책을 준비 중에 있다. 그것이 나오면 원하는 독자들에게 무료로 사본을 보내 드릴 생각이다. http://eepurl.com/wC-C1 또는 나의 웹 사이트에서 뉴스레터를 구독하면 된다.

창업을 꿈꾸는, 마음이 청춘인 모든 사람들에게 행운을 빈다.

안드레아스
andreas.com

이 책의 웹사이트

이 책의 웹사이트인 andreas.com/startup/에 많은 것들이 있다.

- 1페이지짜리 사업 계획. 한 페이지에 적는 당신의 비즈니스 계획.
- 10페이지짜리 피치 데크 : 피치 데크의 샘플 Powerpoint.
- 읽을 책 : 창업자가 추천한 여러 유용한 책을 열거 했다.
- 필자의 서적 : SEO, Google Adwords, KPI, ASO, Twitter, 콘텐츠 마케팅, 책 쓰는 법에 서적 및 전자책(eBook). eBook의 일부는 무료이며 나머지는 Amazon에서 판매 중이다.
- 웹 사이트 및 블로그 : 창업자가 유용하다고 말한 많은 블로그 및 사이트. 클릭 가능한 목록은 이 책의 웹 페이지에 있다.
- 나에게 유용한 블로그 글 : 디지털 광고로 얼마를 만들었는지에 대한 세부 사항 ; 할머니 피치를 테스트하는 방법 ; virality(플러스 연구논문), 성장 해킹을 위한 아이디어 +225개, 그리고 더 많은 것들.
- 협회 : 실리콘 밸리 협회 및 단체 목록.

LegalZoom, Nolo 및 Clerky에서 법인, 용어집, NDA(비밀유지계약서), 주식분배 및 자본표와 같은 법적 문서를 무료로 얻을 수 있다.

BPlan.com에서 무료 사업 계획들을 얻을 수 있다.

번역자

김달호 경제학박사

1973년 삼성물산에서 무역을 시작하여 78년 트리폴리 지점장과 83년 런던근무를 마치고 특수마케팅 팀장을 역임했다. 1983년 창업을 하여 자동렌치 공구공장과 전자부품공장을 운영하여 1995년 1,000만불 수출탑을 수상했다. 경인여대 무역실무과 겸임교수를 지냈고 서울교대에서 경제학을 5년간 가르쳤다. 사하라 사막에 석유난로를 팔았고 33세의 나이에 정부로부터 수출유공 산업훈장을 받았다. 1995년 〈상사맨은 노라고 말하지 않는다〉와 2011년 〈즐기는 수출 돈 버는 무역〉을 발간하였다.

2006년부터 KOTRA 수출자문관으로 2년 동안 중소기업을 지원하였으며, 신재생에너지 기업 다쓰테크(주) 고문으로 3년간 수출자문을 맡았다.

1996년 연세대 경제대학원에서 '세계화시대의 한민족경영권 형성방안'으로 최우수논문상을 받았고, 2008년 경희대에서 '제조업의 대 중국 FDI가 국내 고용, 수출 및 생산성에 미치는 영향'에 대한 연구로 경제학박사 학위를 취득했다.

2012년 중미 니카라과 주 정부 자문관을 시작으로 코스타리카 경세산업부에서 중소기업의 수출을 도왔으며 2016년 귀국하여 중미에 봉사 나가기 전부터 해 오던 한국창업진흥원에서 강의를 통해 창업을 돕고 있다.

스타트업
– 실리콘 밸리에서 창업 씨앗심기

저자 : 안드레아스 라모스
역자 : 김달호

발행일 : 2017년 10월 20일
발행처 : (주)필디앤씨
발행인 : 김석경
등록번호 : 제16-4163호(2007년 4월 3일)
주소 : 서울 강남구 영동대로 513 코엑스 4층
전화 : 02-6000-3120

ISBN : 978-89-963347-8-1

안드레아스 라모스가 쓴 '스타트업'에 대한 모든 저작권은 – 2017 Andreas Ramos USA. ISBN 978-0-9893600-5-0에 있습니다. 이 책의 모든 자료는 저작권 보호를 받으며, 저자의 서면 허락 없이 책의 일부를 어떤 형태나 방법으로도 복제할 수 없습니다.